U0939859

总策划　杨　斌
迟中华
主　编　徐晓梅
本卷主编　朱晓丹

云南出版集团
云南人民出版社

文化楚雄

"文化楚雄"丛书编委会

总 策 划 杨 斌 迟中华
主 编 徐晓梅
副 主 编 龙俊波
执行主编 卡 罗
总 监 制 李 维
监 制 江庆波

编 委 段福君 刘 凯 刘 敏 沈海燕 朱晓丹 殷卫华 吴 东 李国荣 熊建忠 李盈梅 黄玉梅 朱 江
编 务 孙荣武 李治先 杨海丽

文化楚雄·牟定

本卷编委会

本卷策划 李绍文 赖有常 代淳志
本卷主编 朱晓丹
本卷副主编 代琼芬 唐秀波 张自菊
本卷执行主编 陈 冬

本卷撰稿 李光伟 罗苑丹 何 刚 杨启彦 杨晓燕
本卷摄影 窦小军 黑兴友 黑绍祥 陈 冬 普正武 詹得福 王清华 张 斌 丁文龙 杨启彦 张建勋 杨峰平 陈维寿 孙晓燕 姚翠云 熊建昆 尹郑文 傅雯玉 华 子 郑建民 王 旭 王 川 盛高义 陈雄辉 曹红美 王 明 杨 健 王 洪

牟定

图书在版编目（CIP）数据

文化楚雄．牟定 / 朱晓丹主编．——昆明：云南人民出版社，2017.12
ISBN978-7-222-16578-6

Ⅰ．①文… Ⅱ．①朱… Ⅲ．①地方文化－牟定县
Ⅳ．① G127.742

中国版本图书馆 CIP 数据核字 (2017) 第 263972 号

创意策划： 云南出版集团公司产业发展部

出 品 人： 赵石定
责任编辑： 徐 昕 刘 焰 姚实名
设计总监： 袁亚雄
装帧设计： 雲南非鳥文化傳播有限公司
责任校对： 陈春梅
责任印制： 洪中丽

文化楚雄·牟定
WENHUA CHUXIONG · MOUDING

主编： 朱晓丹
出版： 云南出版集团 云南人民出版社 // **发行：** 云南人民出版社
社址： 昆明市环城西路 609 号 // **邮编：** 650034
网址： www.ynpph.com.cn //**E-mail：** ynrms@sina.com

开本： 787mm×1092mm 1/16 // **印张：** 15.75 // **字数：** 110 千
版次： 2017 年 12 月第 1 版第 1 次印刷
印刷： 云南出版印刷（集团）有限责任公司 云南新华印刷二厂

书号： ISBN 978-7-222-16578-6 // **定价：** 59.00 元

如需购买图书、反馈意见，请与我社联系
总编室：0871-64109126 发行部：0871-64108507 审校部：0871-64164626 印制部：0871-64191534

云南人民出版社微信公众号

总序

中国的彝乡 世界的彝乡

一

黄河中下游的华夏民族孕育了上古时代的中华文明，这是共识。中原之外，四周有东夷、西戎、北狄、南蛮控制地区。

云南为“南蛮”之地。“元谋人”的故乡是蛮荒之地，是化外之地，由旧史观所致。

事实是，中华民族、中华历史、中华文化是由各民族长期交融、共同发展而形成的。楚雄不仅有我国人类历史的开篇，而且有从古至今各民族人民伴随着中华文明生生不息、从未停止的历史足迹。因此，楚雄是中国的彝乡，是世界的彝乡，我们要有这样的民族自信，这样的文化自信。

回顾楚雄地方历史，我们不难看出，楚雄州自古就是中华民族国家统一体中不可分割的一部分。楚雄州各族人民具有与中华民族同呼吸、共命运的历史传承，我们的民族文化始终伴随着中华文化的源远流长呈现出开放融合的历史发展潮流。

试想一下，如果没有庄蹻通滇，楚雄州不可能早在先秦时期就在“滇”文化的高度发展中孕育出威楚雄风的历史气象；如果没有汉武置县，楚雄州不可能早在封建帝国形成之初就与大一统国家紧紧联系在一起；如果没有南诏、大理国的崛起，楚雄州不可能在唐宗宋祖的历史碰撞中显示出区域中心的地位以及由此带来的文化圆融；如果没有元明清以来中央王朝持续不断的移民屯垦、设府兴学和改土归流，楚雄州不可能形成多民族和谐共生的历史格局并实现与内地的同步发展；如果没有

近代以来举国上下反封建、反压迫、反侵略革命斗争的风起云涌，楚雄州也不可能融入时代发展的洪流之中与中华民族同呼吸、共命运；更显而易见的是，如果没有中华人民共和国的建立特别是改革开放以来的时代引领，楚雄州也不可能实现民族区域自治并在政治、经济、文化和社会生活的各个领域发生如此翻天覆地的变化。

历史是一面镜子，当我们大力弘扬民族文化、努力彰显民族地区文化多样性的同时，不应当忽视历史发展的共同性与规律性。任何文化，都是植根于一定的地理环境，并在长期的历史发展过程中逐渐形成的。楚雄民族文化是中华民族文化的有机组成部分，中华民族多元一体，中华文化多源共融，这是楚雄州文明社会发展进步的历史规律，自古而然，于今为盛。

生斯土，长斯土，将来藏骨于斯土，斯土之史当知之。这是草根民众的家国情怀，是乡土文化的自觉与自信。时至今日，民族文化强州建设已成为共识，而繁荣楚雄州民族文化，需要在历史的回眸中增强智慧与力量。

这应是“文化楚雄”的新视角。

二

六亿年前，在一片水边的湿地上，生活着大量的三叶虫，蠕蠕而动的生灵，似乎在寻找着生命起源之秘。过了三亿年，三叶虫还尚未弄懂自身存在之秘便长眠于水下，永留于寒武纪地质层内。此时，滔滔水浪里，畅舒自由的是一些长得怪异的鱼，用鳃呼吸的生命，在液态的生存空间中，抒写不了永恒的文字，它们迁游太累，沉沉睡去，融入泥盆纪地质层中。

又过了一亿多年，波涛汹涌的大海边出现了大片沼泽地，其间生长着桫椤等各类蕨类植物，这些鲜嫩的植物是巨型生物喜食的物品。于是这里出现了大量的恐龙，它们把侏罗纪变成了巨无霸时代。同一时间，诸如龟类、贝类、蚌类等等生命形态大量出现，很是热闹了一段时间。随着气候的改变和外星的袭击，地球发生了天翻地覆的变化，许多占统治地位的生物默默退出了历史舞台。

而后，在地壳的不断运动中，这片泽国渐渐上升成为陆地，许多生命不能适应变化，提前告别阳光雨露，在阴暗潮湿的地下世界石化为生命传奇。时间又过五千多万年，早已变为陆地的楚雄地界上，在苍天古树中间，一群腊玛古猿来到了地面，尝试直立行走。到170万年前左右，元谋出现了亚洲最早的人类。元谋人完成了从猿到人的巨大转变，开始从这里走向世界。人类生命群的出现，是地球上最了不起的奇迹。氏族、部落、族群繁衍演化，生存在这片土地上的彝族创造了万年以上的辉煌文明。人类有寻根探源的天性，我们从哪里来？这需要答案。人们寻来寻去，最终锁定楚雄这块热土。现在所有生活在这里的人，都可以自豪地向外宣称，楚雄是人类的老家，我们就是从这里走向世界的。

这里曾孕育了东方世界最早的人类，同时，这里也奉献了中华大地最古老的文明。这里有最丰富的彝族创世神话，原始文明的灿烂火光烧红了这里的每一寸土地。大规模的畜牧养殖和农耕文明的曙光不可思议地照耀着这里，谱写出艰难创业谋发展、民族融合兴大业的壮丽乐章。在它彝族文化的躯体里，涌动着万物有灵的朴素认知之血，遍布着各种承载华夏文明走向南亚、东南亚的古道和桥梁。茫无际涯的时空长流，淘洗尽人类无法厘清的杂乱足迹，由此沉淀而成的文明遗迹、人文情怀与历史价值，宛如恒星永灿，明月长照，或多或少，有形无形，对我们这些生活在这里的人产生了深远的影响。文化是生命成长与发展的记录，彝族文化是彝族继往开来的写真。

中国彝乡·滇中翡翠·和美楚雄，虽然“三古一彝”文化有厚植的深根，但亦须不断地灌溉滋润。遵循历史传统与现代创新，给古老文明注入新的活水，使之源远可溯，流长有望。

这应是“文化楚雄”的新担当。

三

楚雄州是以彝族为自治民族的多民族聚居区，全州共有26个民族，总人口273万人。其中在州境生活百年以上、人口在6000人以上的有汉、彝、傈僳、苗、傣、回、白、哈尼8个世居民族。各民族总体上大分散、小聚居，其中汉族和回族主要聚居在城镇、坝区或交通沿线，彝族、白族、苗族、傈僳族、哈尼族主要聚居和杂居在冷凉或高寒的山区和半山区，傣族聚居在金沙江河谷地带。相对来说，汉族聚居区土地肥沃，人口众多，水利、交通条件较好，而各少数民族地区地广人稀、山高箐深、交通不便，但自然资源比较丰富。

彝族是我国少数民族中人口较多的一个民族，主要分布在云南、贵州、四川、重庆、广西5省（区、市）。楚雄彝族的分布也很有规律，楚雄、南华、双柏以哀牢山麓为主要聚居区，大姚、永仁以百草岭为主要聚居区，武定、元谋以金沙江南岸的乌蒙山区为主要聚居区，姚安、牟定、禄丰则与其他民族杂居于山区。早在一万年前，彝族先民就在这片热土上创造了以十月太阳历为代表的灿烂文明。先秦时期，彝族先民在州境繁衍生息。至东汉后期，爨氏统治南中400余年，各种嶲、昆明、滇、劳浸、靡莫等“氐类”氏族部落的称呼逐渐被“叟”代替，标志着彝族的初步形成。至唐代中叶，南诏崛起，加强对爨区的控制。至宋大理国初期，今楚雄州境内已逐步形成了白鹿部、罗部、罗婺部、华竹部以及招萼部、摩刍部、易哀部等以彝族为主体的部落联盟。元朝以后，统称金沙江南北彝族各部为“罗罗”，使之成为彝族最终形成和界定的明显标志。明、清以后，内地汉族大量迁入，促进了彝区生产力的发展和封建地主制经济的建立，州境各地逐渐形成“汉僰杂处、罗罗山居”的分布格局。

走进彝山，你可以看到这里的民族大都有古铜般的肤色和清瘦结实的身板。因为在这里，他们是高原的儿女，距离太阳最近，灿烂的阳光不仅照耀在他们的脸上，也温暖着他们的心灵；因为在这里，他们常年行走在大山之上，日出而作，日落而息，与自然规律融为了一体；走进彝山，你能感受到这里的民族有着火一般的热情，家家都有一个长年不熄的火塘，户户都有当地自酿的小灶美酒，日常生活离不开火，朋友相聚离不开酒，节日习俗、祭祀礼仪更是火与酒的盛典。难怪一说到山地民族，人们自然会想到火的民族，红红的火把，火火的歌谣，酒歌中激情燃烧的岁月，等等。这就是楚雄各民族坚守的从大自然中孕育出来的原生态文化，这就是山地民族真性情的自然流露。

千百年来，各民族生活在这片滇中高原热土上，在适应自然、改造自然的过程中形成了山地民族勤劳质朴的性格品质和生存之道，团结进步、繁荣发展，是大家的共同追求。

这应是“文化楚雄”的新目标。

四

孔夫子说，智者乐水，仁者乐山，这话很有道理。山地民族，可能算不上是很有智慧的民族，但绝对算得上是有仁有义的民族。重重大山，在很大程度上阻碍了山地民族通往外界的道路，使他们不容易看到外面世界的精彩与无奈。然而，登高望远，人的胸襟会很开阔，不会轻易被世俗所困扰；与大山为伴，人的意志会更加坚韧，认定的目标不会轻易改变；空谷足音，人的思想会更加纯正，待人接物，会更加淳朴厚道。正是这种高原情怀和大山精神，赋予了山地民族勤劳、勇敢、务实、诚信、担当等诸多优秀品质。

秉彝至诚，兼容创新，雄远图强。这应该是楚雄精神不可缺少的内容之一。千百年来，楚雄州各族人民秉持山地民族的生存法则，在滇中高原特殊的地域环境中长期形成了适应自然、开发自然的生存能力和至诚至信的性格秉性；同时，滇中高原自然生态与文化生态的多样性，形成了楚雄州各民族相互依存、和睦相处、共同繁荣、共同进步的文化传统与发展能力，使开放、兼容始终是贯穿楚雄历史文化与民族文化发展的主流特征。今日楚雄，挟威楚余韵，雄起滇中，山高视远，孕育了各族人民在实现中华民族伟大复兴的历史征程中奋勇争先的雄图远志。

文化的最高层面与核心要义是人的品质与精神，楚雄人的精神与品质中从来就不缺乏敢为天下先的积极态度，这体现在已经成为彝州标识的无数第一上。

世界最早的铜鼓——万家坝铜鼓。

世界最大的恐龙展览馆——世界恐龙谷。

世界最大的孔子铜像——石羊孔庙孔子铜像。

中国内地独一无二的磬锤塔——大姚白塔。

中国第一福塔——楚雄福塔。

中国第一历法公园——楚雄十月历公园。

中国最奇特的“森林”——元谋土林。

西南第一高瀑——三潭瀑布。

西南第一山——武定狮子山。

西南第一天生桥——滇中大裂谷天生桥。

西南最艳的茶花——紫溪古茶。

……

文化楚雄，选择的内容和书写的方式，努力实现不从众不媚俗，不偏狭不避俗。每一个人，走遍楚雄，耳闻之事，目睹之物，分析所见，思索所得，情之所系，兴之所至，流于笔端，皆有不同。重要的是我们在差异性中认识到丰富多彩的价值，体会到更多的介入方式和理解方法，以我们所执着的探索与实践，留下一部镌刻在脑海间的书，绘就一幅镶嵌在山水间的画，创作一首流动在天地间的诗，高歌一曲铭记在心灵间的歌。

这应是“文化楚雄”的新探索。

虽拉拉杂杂，所言皆为心声，聊附其中，是为序。

目录 Contents

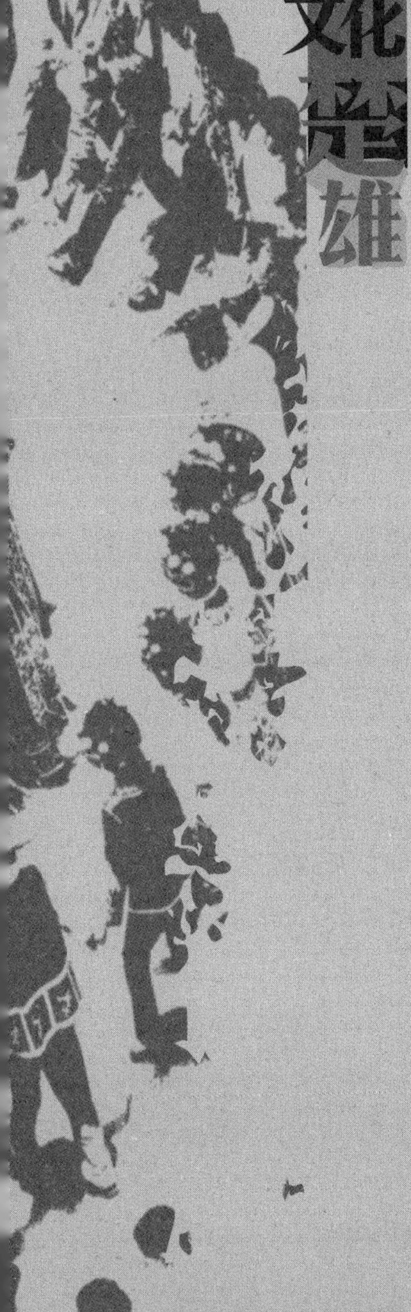

第一章
左脚舞欢调子狂

千年过来，纵然山高水远，环境险恶，甚至生活落入兀兀穷年，于亿辛万苦中，牟定彝族人民的龙头四弦琴和他们的天籁嗓音也从没有弹出一个哀音，唱出一声悲怨。年年节日相会、村中喜事相会、依俗约日子相会，无论地处县城、猫街还是腊湾，一族人均能围圈狂欢，不改初年。那伴着蹁跹舞步的彩色左脚调里，满是豪壮的彝山彝水，满是深情的小彝妹和彝家阿老表。他们的爱情从姑娘房里酝酿出来，热情如酒，淌在每一首欢喜调子里，听者皆醉。

牟定千年舞翩跹

牟定人执手联袂、亦步亦趋，将左脚舞跳了千年，跳进了吉尼斯世界纪录。而在牟定民间，左脚舞却被称为新调，新近发现的猫街乌卡舞和闻名已久的腊湾玛咕舞则称为老调。左脚舞大多是年轻人跳，乌卡舞、玛咕舞最初都是以老人为主跳人群，有诸多古老的礼仪包含其中，被誉为彝族歌舞文化的活化石。而彝族更为久远的活化石，则是梅葛。此外，腊湾还有独具区域特色的青年婚恋习俗："姑娘房"。

2009年4月22日，滇中牟定歌舞飞扬，全城沸腾！

尽管天气炎热，一大早，四里八乡的彝族儿女们如彩色潮水一般，向县城涌来。这个袖珍小城迎来了一年一度最重要的节日——三月会。

下午1点钟，在县城的街道上，1.72万人手挽手，跟随龙头四弦琴的节奏，跳起了左脚舞。是时，几公里长的县城主大街中园路水泄不通，人潮围成大大小小几百个圆圈；统一的节拍，统一的步调，大家手挽手肩并肩一起唱啊跳啊，一曲彝族民间左脚调《高山顶上茶花开》响彻云霄。

一项新的吉尼斯世界纪录也随之诞生——万人同跳左脚舞！

英国哥伦比亚大学人类学教授亚兰·罗·斯诺看过现场盛况后大赞："看到的只是飞舞的尘土和舞动的脚步，一切形式都是用舞步来诠释。"

这个创造世界纪录的主角，官方名字叫左脚舞，彝语称"咕遮"，是牟定倮倮颇支系彝族的传统舞蹈，已传承千年。在牟定，

万人同跳左脚舞

不论是过节还是平时休闲，或有人家娶妻嫁女，天黑之后，远远近近的人们不邀而到，弹起弦琴，男女和声或齐声唱起左脚调，很快就能围成一个个几十乃至上百人的大圆圈，欢跳左脚舞。随着铮铮作响的弦音，和着高亢清脆的歌调，他们时而蹉脚闪腰，时而折步跌脚，时而甩腿对脚，时而摆手转身，舞步整齐统一，舞姿轻盈健美。

美丽的事物总有传说。美丽的左脚舞起源的地方也有一个动人的传说：很久很久以前，牟定坝子中有一条恶龙兴风作浪，造成洪水灾害。彝族小伙阿里和彝族姑娘阿罗是一对热恋中的情人，他俩目睹恶龙给众乡亲带来的苦难，决心挺身而出，冒着生命危险前去为民除害。于是他俩勇敢地站出来，前去制服恶龙。乡亲们在这对青年男女勇敢无畏精神感召下，一齐向恶龙开战。恶龙见势不妙，赶紧逃回了龙潭。人们抓住时机，把事先烧红的栗炭往潭里倒，倒满后又抬石头、挖泥土，把龙潭填平。还怕夯压不紧恶龙翻身，就在上面燃起篝火，众乡亲围着篝火边唱边跳边跺脚，三天三夜恶龙终于毙命。为了欢庆胜利，彝家人用恶龙的头、皮、骨、筋等制成月琴，聚到一起跳脚弹琴，口唱“阿哩啰”以示对阿里阿罗这对勇敢的彝家儿女的钦佩。

彝族人普遍崇左敬左，恶龙刚死人们心有余悸，一直用左脚咚咚跺地以防恶龙死而复生，也只用左脚前后欢跃舞蹈。为了防止单脚前后摆动跌倒，所有男男女女都手挽着手围成圈，以达稳定之效果。尽管岁月变迁，如今左脚右脚都在起舞，但“左脚舞”和对应的调子“左脚调”叫法没变，男男女女手挽着手围成圈的群舞形式没变。

故事自然是故事，左脚舞的真正源头是勤劳的牟定彝族人民于千百年劳动中逐步形成。龙川河畔，紫甸河边，古岩河岸，千百年的时光如白云飘过，从远古走来的彝族人民用勤劳和坚韧守护着牟定这方热土。朝代更替，一辈又一辈彝人的耕作让牟定大地在日出与月落中悄然改变，他们与那些鸟兽虫鱼、花草树木一起在时光的流转中把自已的根深深扎于大山深处。

“诗者，志之所之也，在心为志，发言为诗，情动于中而形于言，言之不足，故嗟叹之，嗟叹之不足，故咏歌之，咏歌之不足，不知手之舞之足之蹈之也。”舞蹈是表达情感的最好形式，也许是为改造河川的集体呐喊，也许是模拟追捕野兽的集体围猎，也许是丰收后的载歌载舞，一辈辈牟定彝族先民发明创造了围火成圈群歌群舞的娱乐形式。千百年来通称这种集体娱乐形式为“跺左

美丽的左脚舞起源的地方有一个美丽动人的传说

脚”，也有记载为“堕左脚”的，国家改革开放后，统一称为左脚舞。

越是民族的，越是世界的。世界上有众多的民族，每个民族的文化都是世界文化的有机组成部分。没有民族的，也就没有世界的。文化有其特性，才有生命力，才有其独立存在的价值，民族文化最大的特色就在于它斑斓多彩的独特性，这是人类各民族文化的共同点。与世界各个族群的各类舞种相比较，牟定彝族左脚舞有它独一无二的特点。它自诞生起就是群舞形式，永恒地带着人类氏族社会原始集体主义意识，有和合文化意味，这是它的原生态特质的核心。它在舞步表现形式上以踢踏动作为主，与爱尔兰及非洲一些民族的舞蹈相似度极高，可称为“东方踢踏舞”。此外左脚舞与火和月关系密切，旧时几乎无火不舞、无月不舞，具有浓郁的祭祀意味。

现代照明设备先进，左脚舞圈可随时欢乐开场，虽然夜夜笙歌，却与奢靡和迷醉无关。左脚舞中天然藏了牟定彝族人民对于时间的另一种理解方式，这种理解既是舞蹈的节奏，也是

心灵的节奏。首要的一点，左脚舞是日与夜的过渡段，人们在这种夜间的歌舞中释放自己，愉悦身心，以获得翌日日出之后继续前行的希望与动力。

其次左脚舞是长与少的过渡段，前半夜若有老人在场，节奏和动作都较为舒缓，后半夜老人离去，年轻人们手拉手，身贴身，热情洋溢，激情四射。那时无论如何迟晚，都进入了歌唱爱情的好时光，那时的左脚舞才真正达到了高潮——“（女）情郎小哥，情郎小哥哪个有你好；情郎小哥，情郎小哥哪个有你标。（男）搽上胭脂花粉哪个有你好，心上的小妹，人才哪个有你好。”“小

郎也合妹的心，小妹也合郎的意，郎合心妹合意，合心合意做一家。”浪漫到了极致就是朴素，真情的表白，朴实的向往，舞步更加激扬了。

如今左脚舞已融入牟定各族群众的生活，集体围圈的形式没变，只是舞蹈时候不一定堆篝火，围圈之人不一定是纯的彝族，更多的人把它当成一种有效的交际方式、健身方式而乐此不疲。在县城化湖广场、县委广场、政务中心广场及七个乡镇文化广场、山村的稻场、农家的小院，欢快激越的左脚舞无处不在，左脚舞成了牟定这块热土上日落后最热闹的集体盛宴。这是约定俗成的，因为舞场就是挥洒快乐的地方，只要那一环舞圈不散，就有激情四溢的歌舞欢场，就有通宵达旦的身与魂的陶醉。

近年来，牟定彝族左脚歌舞已成为既具有历史发展脉络又

❶旧时左脚舞几乎无火不舞、无月不舞

❷千百年来通称这种集体娱乐形式为“跺左脚”

有广泛群众基础和现实文艺成果的独特文化形态而被各级政府逐步推重。2006 年 6 月，云南省政府将牟定县命名为“彝族左脚舞之乡”；2008 年 8 月，文化部把牟定彝族左脚舞收录为第二批国家级非物质文化遗产保护项目。

左脚舞经久不衰，牟定城乡群众集会更是处处可见，尤其是每年农历三月二十七至二十九的民族传统盛会“三月会”，这个传承久远的民间节日既是彝族歌舞的海洋，又涌动着商贸活动的热浪。关于“三月会”的文字记载，最早见于清康熙四十一年（1702 年）《定远县志》，定远系牟定县旧称，该书记载：“每年三月二十八

①通宵达旦的身与魂的陶醉

②三月街子两头赶，阿哥阿妹跳脚来

日，赴城南东岳庙赶会，卖蓑笠羊毡麻线。至晚，男女百余人，嘘葫芦笙、弹月琴、吹口弦、唱夷（彝）曲……就阶下环围，跺左脚至更余方散。”

“三月会”的起源也有许多民间故事传说，但真正的起源应当与庙会有关。在牟定县城南，如今的县人民医院一带，曾经有一座东岳庙，建于何时已经不可考究，几经修葺和扩建，至康乾盛世时，庙宇已颇见规模，香火亦逐日旺盛，人们遂借着赶庙会相聚，渐渐地庙会自然而然变成了物资交流会。而在这个过程中，彝族土著先民最热闹欢畅的“跺左脚”也成了欢聚中的主要娱乐活动，“三月会”也因“跺左脚”变成了牟定人民的狂欢节。

“三月会”白天以“街”为主，夜晚以“会”为主。随着物质的丰富，交易的便利，“街”的功能并不重要了，夜晚的“会”却至今热闹不休。“河边杨柳排对排，年年有个三月街，三月街子两头赶，阿哥阿妹跳脚来。”——“三月会”在牟定地界内约定俗成，不用发通知，数百年来每到农历三月二十七、二十八、二十九三天，远远近近的彝族男女都会不约而同地聚集到牟定县城弹三天三夜的弦子，唱三天三夜的调子，跳三天三夜的左脚。

只要那一环舞圈不散，就有激情四溢的歌舞欢场

“传情最是三月会，跳脚三天也不累。”连续三天三夜的歌舞盛会，除本州各县都有人来参加外，州外、省外也有人慕名而来。“阿哥跳破千层底，阿妹跳烂绣花鞋”“跳脚跳得黄灰落，只见黄灰不见脚，跳出黄灰做得药”，管你喜欢不喜欢，也要跳。

春节刚过，牟定人就盼望着三月的到来，走在三月会的街上，人们的脸上都满溢着相聚的喜悦。在这满城歌舞的狂欢节上，人们不会谈到房子、车子、基金、股票，有的只有诚挚的问候，谈论的就是三月会，左脚舞。

新近这两年，三月会主会场移至牟定县城东南新开发的仿古小镇彝和园。彝和园是文化园、山水园、彝族风情园，三月会在园内主办，民族文化氛围更加浓郁了，整个彝和园仿佛就是一个左脚舞舞场、一个彝族服装展示的舞台。一台台民间文艺表演让你明白越是民族的就越是世界的。你若累了就走上拳王争霸赛的擂台吧，这

❶传情最是三月会，跳脚三天也不累

❷“三月会”成了牟定人民的狂欢节

里早早地斟满了本县名酒大力石酒，这是彝家汉子猜拳比赛的擂台，早有豪爽的汉子们坐在上面。“兄弟好呀八匹马，兄弟好呀五梅花开”，一通猜喊过后，若你技不如人，那就豪饮

吧。三拳过后，你一定胸胆开张，精神备受鼓舞。

羊肉汤锅的摊点上，老头老太们围坐一堂，或吃肉，或喝酒，或抱娃，其乐融融。兴致来了就亮一嗓子，对山歌唱调子，你方唱

罢我登场。也有人借此机会寻故访友扎堆倾诉家长里短，同样的话题，相似的感慨。小伙姑娘们则沉浸在跳脚场上，弦歌劲舞之中，展示的是风采，释放的是激情，放飞的是快乐，当然他们不会忘记收获爱情。汉子婆娘们也不甘寂寞，纷纷加入左脚舞圈子，忘了苦累，忘了忧愁，跳起黄灰做得药，唱出一片好心情：

三月会，三月街，
三月街，四面八方有人来，
又做买卖又跳脚，
各族人民喜开怀，
啰哩啰，啰哩啰，啰哩啰哩啰

三月会的夜晚，牟定城是全世界最热闹的小城，篝火燃起来，弦子弹起来，成千上万的人们加入到左脚舞的行列，一圈圈，一排排，弦声阵阵，调子起伏。就这样尽情地歌着舞着把小城舞成不夜城，把一年的快乐舞到了极致，把牟定舞成了中国彝族左脚舞的故乡。

猫街地处牟定东部地界，是一个在春天里让人艳遇的小镇。

“正月十五赶猫街，我在猫街等着你。”立春已过，一切春情萌动，是谁在猫街等着？何况这桃花开满枝头的季节，还有什么缘由不在农历正月十五去赶猫街呢？

不要嫌弃那去猫街的柏油路弯弯绕绕，一切的温柔缠绵

❶跳起黄灰做得药

❷正月十五赶猫街，我在猫街等着你

都是曲线的，转过一道弯就是一道美丽的风景。当人们还沉醉在油菜花的金黄中时，车已绕上山梁，路边鲜艳的山茶好像迎客的绸彩。一定有初春的暖阳照进车窗，一定有春风拂面。无论是谁在猫街等着你，这一路弯弯，也一路春风得意马蹄疾。

当嗅到桃花香的时候，猫街就快到了。当听到弦子响时，早有人立于猫街街头打望热闹。彩色米花糖是不稀罕了，猫街腌梨还是早年那爽爽的味道。此时最想的就是约三五位彝族老表随找一处街头坐下，大声向老板喊："店家老表，筛一壶大力石酒，来两碗羊粉蒸，一盆羊汤锅。"

当然花生米是少不得的。酒就这样绵绵滑到了肠胃里。三杯过后，无论你什么年岁，仿佛都已面若桃花。放眼望去，一切软软，游龙软软、舞狮软软，满街子走的都是穿戴鲜花的赶街人。此刻任由你大声侃谈猫街的前世今生，任由你回忆过往数个正月十五的情事，总有旁

1早有人立于猫街街头打望热闹

2满街子走的都是穿戴鲜花的赶街人

边桌的老表或隔街桌的表妹过来敬酒，让你喜欢不喜欢都要喝。

不知从何年正月十五算起，来自力石新村的乌卡舞开始震惊猫街小镇。他们黄衣黑褂，黑帽子上飘着绣花的飘带，与一贯花枝花朵、艳丽异常的彝族服装相比，朴实不

少，却暗藏纳苏颇支系彝族坚韧不拔、低调浑厚的沉稳之气。他们所跳的舞蹈节奏明快，忧伤中萌动着升腾，活泼却不失庄重，每次起跳，都有一种力量让人的心灵随着打跳。

追本溯源，这种新发现的乌卡舞是一种颇有年纪的老调舞种，当地人说传了25代，外人也不辨长短。可以肯定的是，它与牟定其他地界的舞蹈有千丝万缕的联系却又保持了自己的珍贵个性。这一方面得益于代际相传的继承方式，也得益于这个村子曾经的偏远封闭。“力石新村”在村民日常话语里被称为“恰诺”村，村子离猫街很远，属于力石村委会，力石村委会以出产“力石酒”而闻名州里。

恰诺村的饭桌上自然是少不得力石酒的。“弯把高粱力石酒，喝一口来爱一口”，这是猫街地区甚至牟定喝酒汉子们常挂在口边的话。说到高粱，也许人们都会想起莫言的《红高粱》，以及高密一

❶乌卡舞是一种颇有年纪的老调舞种

❷乌卡舞者女装有头饰，头后有绣花飘带

酒席完毕，歌舞自然也是不能少的

望无际的高粱地。诚然，大力石看不到这样的景象，这里是大山区，高粱种在窄窄的山坡梯田里，好似笨拙的画家顺着山梁画出一道道绿线条。到了秋天，这些线条就变成了暗红。“弯把高粱”是力石村委会土生土长的小粒糯高粱，高粱成熟的穗子像稻穗一样弯弯地低下头，一如大力石勤劳而低调的群众。用来酿酒时，尽管颗粒小，淀粉含量却很高，糯性好，还有厚实而坚韧的皮。经过蒸煮发酵仍然颗是颗粒是粒，甚至提取原浆后，这些弯把高粱也没有细碎到一塌糊涂。正是原料糯实的风格成就了力石酒的醇厚与绵柔。

生命的存在离不开粮食，而粮食的奇迹也离不开它的转化，弯把高粱一次次经历蒸煮馏取，仍然坚身不改，直至升华成那晶莹的醉人的液体。物质的升华妙不可言，往往可以神通亦可以鬼交，力石酒自然也就氤氲着一层精神的光亮。当主人抬出两个落满了灰尘的陶土酒缸满上酒时，酒歌也如酒自然流出：“高粱酒、麦子酒，端给老表喝；高粱酒、麦子酒，端给

小妹喝。喝了一杯又一杯，喝了一杯又一杯，还是不会醉。”

酒歌敬酒，客人没有一个推辞。酒席完毕，歌舞自然也是不能少的。

这个村子有专门的舞场，村民们用彝语叫它：“恰诺贝塔”。

恰诺贝塔，汉语意译过来就是新村梁子的意思。奇怪的是这道山梁到了恰诺村后就终止了。以下是深深的龙川河峡谷，再远处是金沙江。梁子尽头有一块篮球场大小的平地，初春山草还没有绿，仿佛铺就着一层灰黄的地毯。

恰诺村民世世代代把这里当作乌卡舞场，天做背景地做台，自然天成的舞场。

乌卡，当地人俗称“老调”，意为打跳、跳脚，多在当地传统节日、婚嫁喜事时打跳。早年只有中老年人可以跳，传承至今年轻人也获准参与。这种舞蹈流传于牟定县猫街地界纳苏颇支系红

木笛和木叶

彝群落，是一种濒临灭绝的古老彝族民间舞蹈。

该舞蹈与牟定县其他舞蹈在表现形式上有着本质的区别，参与者“手舞足蹈，热情奔放，音乐形象古朴自然、清脆明亮”，是牟定县民族民间舞蹈的一朵奇葩。专业的角度看，这类舞种与当地彝族生产生活息息相关，具有顽强的生命力，深受当地群众喜爱，舞蹈音乐短小精干、朴实无华、风格独特，伴奏乐器不是龙头四弦琴、不是二胡、不是三胡而是木笛和木叶。两者音色明亮纯净，搭配奇异，取材又简单，一竿山中毛竹、一片路边树叶即可用。

乌卡舞舞蹈动作注重脚部与手部的相互协调，脚步动作进退有序，主要动作踏步、踞步、勾脚、翻身，手部动作前举、后仰。经省州专家考证：乌卡有传统曲调 30 多个，常用的有 20 多个，内容多为情歌。乌卡舞者的服装也和俚颇、倮倮颇彝族支系的服装不同，男装为黄衬衣套领褂，腰系红绸，大裤脚；女装有头饰，头后有绣花飘带，服装以黑色为主，和倮倮颇彝族支系的服装相近。

到恰诺贝塔，跳一次淋漓尽致的舞蹈

恰诺贝塔这个天然舞场的周围，零星矗立着碧绿低矮的橄榄树。舞场尽头，一棵两人才能合围的麻栗树直刺蓝天，树身的上部已经干枯，下部却枝叶繁茂地生长着，像一位苍劲老者伫立在春风里，风雨数百载守护着世世代代歌舞飘荡的土地和子民。

传说这树本是恰诺村的一个汉子，很久很久前在这大山里放羊。一次放羊途中与元谋羊街土司家的小姐相遇。爱情就这样在两颗年轻的心里萌芽并茁壮起来。可是，人家毕竟是土司家的千金小姐，纵有千恩万爱也敌不过心怀门户之见又擅长用亲情设障的土司夫妇，最终有情人未成眷属，放羊的汉子只能在这里眺望千年——泪水流成了龙川河、流成了金沙江。

乌卡舞似乎吸收了这个传说中的养分，它炽热而深情，犹如人类对爱情不绝的追求。当它在经年累月中演化并固定成为一种艺术形式之后，却获得了更加深远的内涵。它笛声悠扬，舞步翩跹。踏步，仿佛在大地寻找什么？仿佛又询问先祖，路在何方？踞步，仿佛明了方向，只有努力劳动才是出路。勾脚，是恋爱了吗？如此温柔婉转，忧伤中仿佛又生长着快乐。翻身，这是丰收了，尽情地庆祝吧！

一次淋漓尽致的舞蹈过后，站在恰诺贝塔，山风吹拂，五脏六腑漂洗着，灵魂漂洗着，远山模糊，先人们就在那深蓝里歌舞吟咏，没有诉说前世的冤屈与艰辛，有的只是平常日子的嘱托。

恰诺村居于牟定县境东北尾部，而站在恰诺贝塔也看不到的对角，那牟定最西南部一个叫腊湾的彝族村子，也有一种跟乌卡舞一样古老的玛咕舞，更有一种化石级的文化种类：梅葛。

西出牟定县城三十公里，在茫茫彝山中有那么一道独特山弯，旅游大巴还没有到达，背包一族还未涉足。因为高寒，当地人叫它腊湾，在彝语里腊是寒冷的意思。

车出西街，绕过天台穿过小仓屯村，大地慢慢地站立起来，山路开始峭拔起来。转过一个弯是一片碧绿的森林，转过一个弯是一片繁花似锦的草地，再转过一个弯的时候便沿着一条清亮的小溪顺

当地人叫它腊湾

流而下，当调转车头爬过半山的时候，一个山上滚落的巨石挡在路中央，好在那路面有些斜偏。下车，双手一用力，所谓的巨石便顺着深沟滚落下去。人们都在猜想着转过那弯去会是什么样的风景？

当转过最后一个弯的时候，眼前豁然开朗，那《腊湾舞者》里常出现的一个镜头映入眼帘，半弯月亮一般的小村挂在了半山腰，那是腊湾村到了。

腊湾彝族新村子用“玛咕”命名，叫吗咕彝寨。进寨是少不了用黄牛角杯子装满的三杯拦门酒的，一村人歌舞相迎，若凭着臆想以为歌是梅葛，舞是吗咕，就错啦。

玛咕，彝语意为“老年人跳的左脚舞”，故又称为“老人舞”，它起源于腊湾村，在牟定境内流行分布不广，仅在腊湾附近新房、建新、凤屯、龙虎、清河五六个村委会时兴。它有约定成俗的严格规定：三胡声不停止，四弦琴不能弹奏，老人

舞不上场，年轻人不能跳脚。

因此外客一般少见其舞，若有幸看到必定惊叹。

腊湾玛咕舞被观者誉为彝族文化的活化石。它是古代“踏歌”的一种遗存，有古先民之遗风余韵。相传玛咕舞始于明朝洪武年间，它极端注重舞步与身段的协调配合，整套舞步的动作共 24 跺脚，左右前后相互连接，舞姿似宫廷舞缓慢优雅。跳玛咕舞时，打头跳舞的老人通常身穿羊皮褂，脚穿绣花鞋，边跳边拉三胡伴奏，通过子弦、中弦和老弦的交替配合，弹奏出凄婉悠远的声音。

玛咕舞乐让人听闻思远，它的独特还曾经吸引了中国著名导演李亚威，她多次翻山越岭来到牟定，拍摄了纪录片《腊湾舞者》向国内外推介，为濒临失传的腊湾彝族文化遗产玛咕舞留下了珍贵的影像资料。

❶腊湾彝族新村子用“玛咕”命名，叫玛咕彝寨

❷那是腊湾村到了

腊湾是牟定县与姚安县交界的边村，除了玛咕舞，整村区域内还曾广泛流传着历史久远的彝族梅葛调。学术界一般

认为，牟定腊湾与姚安马游、大姚县华、永仁直苴等地共同构成了楚雄州彝族梅葛文化带。

彝族人民千百年来在生产生活实践中形成的梅葛于2008年6月经国务院公布为第二批国家级非物质文化遗产保护项目。彝语“梅”是“说”的意思，“葛”是“古”的意思，“梅葛”就是“说唱远古”。

远古的时候没有天，
远古的时候没有地。
要造天啦！
要造地啦！
哪个来造天？
哪个来造地？
格滋天神要造天，
他放下九个金果，

❶中国著名导演李亚威拍摄了纪录片《腊湾舞者》

❷三胡声不停止

变成九个儿子，

九个儿子中五个来造天。

格滋天神要造地，

他放下七个银果，

变成七个姑娘，

七个姑娘中四个来造地……

在腊湾听梅葛老人唱梅葛调，人们会不自觉地回溯自己的来处，仿佛置身于某个远古的部落。

梅葛的内容包罗万象，几乎记录了彝族人民历史文化、生产生活的全貌，被视为彝族的“根谱”、彝族的“百科全书”。它反映了远古时代彝族先民的世界观和对宇宙万物的丰富想象，也反映了彝族人民生产生活的演变与发展过程；既反映了彝族人民恋爱、婚姻、丧事、怀亲、送别等生活习俗，也反映了彝族同胞与其他兄弟

打头跳舞的老人通常身穿羊皮褂

在腊湾听梅葛老人唱梅葛调

民族在经济、文化上的亲密关系。

腊湾梅葛没有文字记录，世世代代靠口耳相传。这些年来，由于外来文化的冲击，打工经济的兴起，很多年轻一代已经不愿意学唱梅葛，甚至听不懂梅葛，老一辈中也只有为数不多的人会吟唱这种古老而神秘的歌谣。正宗梅葛都用彝族话演唱，外来的人根本听不懂。不过，纵然听不懂所唱的意思，也能准确感受到其中的情意。快乐的梅葛调会让听众不明其意却捧腹大笑，悲伤的梅葛调会让人不知其理却泪流满面，甚至号啕哭泣。

据传，在腊湾一名德高望重的老人葬礼上，全村人都自发为他送葬，老毕摩唱着哭丧调。调子一声哀似一声，送葬的队伍被梅葛调感染，个个神色凝重，相继放声大哭。抬棺木的人也是边哭边走，才走不到一半路就筋疲力尽，死者家属只好劝

老毕摩暂时停唱，否则只怕抬棺人再也抬不动了。

这类梅葛调大意如此——

出门的时候，用责备的语气唱：

要走了，
要送你上山了，
你最后再看一眼，
你一捧土一片瓦盖起来的家，
你怎么舍得啊！
你也一定舍不得，
还有你的亲人儿女们，
你就忍心把他们丢下了，
留下他们害了思亲之苦……

在路上边走边唱，偶尔还要骂上几句，腊湾人认为，如果不骂他几句，灵魂会因为舍不得家人经常回来看望，家里就会有人生病或者发生不顺的事：

还记得吗？

①腊湾梅葛没有文字记录，世世代代靠口耳相传

②快乐的梅葛调会让听众不明其意却捧腹大笑

这是你走了一辈子的路哟，
你可不要走回头路了，
你儿子在前面领路啊，
要一直往前走，
不能舍不得他们了，
不准再回来打扰他们了……

下葬时候唱道：

到你该住的地方了，
你看看房子为你盖好了，
你要从头来过，
你要去那边找到你的父母，
你要好好去做你前世未了的所有事，
你本不是蚂蚁哟，
却要做了蚂蚁食……

腊湾人日常生活中，处处可唱梅葛

这一段汉语翻译，韵味不及彝语哭丧调的百分之一，更不及腊湾梅葛调的万分之一，但管中窥豹，也算轻拂了一回人神共居的腊湾人的灵魂。

腊湾人日常生活中，处处可唱梅葛，小到给来客传一支烟时也有传烟梅葛。传烟梅葛里唱："自古有传统，烟种要在鼠日撒，烟苗才像鼠耳朵，种烟要在马日种，烟叶才像马耳朵，长来的烟树哟七十七丈高，长的烟叶哟九十九尺长，吃烟会有雾，烟雾去了哪？烟雾飘上天，天上有什么？天上有白云。天上有什么？天上有鸟儿，天上有什么？天外还有天。吃烟有口痰，口痰吐在哪？口痰入了地，地上有什么？地上有虫蛇，虫蛇去哪里？虫蛇钻草地，草地怎么长，草根手牵手，地上有什么？地上有树木，树木怎么长？树儿心连心……"

老一辈中也只有为数不多的人会吟唱梅葛

传一支烟，从古唱到今，从天唱到地，唱到天上的鸟雀，地上的虫蛇。尤其在腊湾的“姑娘房”里，串“姑娘房”的小伙子要抽到姑娘传的烟，必须对上姑娘的梅葛调。如果小伙子对出的梅葛又被姑娘接了过去，那么小伙子要继续对，直到把小姑娘对输，才能抽到烟。如果自己对输了，就连一支烟也抽不到。有时候烟在姑娘小伙的手中传来传去，传烟调对唱了一两个小时，烟早已被捏得皱巴巴，小伙子们馋得口水淌，还是分不出胜负。

这里说的串“姑娘房”是腊湾彝族群众特有的风俗，姑娘长到十二三岁，就要进“姑娘房”，适龄姑娘如果不进“姑娘房”，就会被外人嫌弃而嫁不出去。“姑娘房”一般设在房屋较为宽余并有未婚姑娘的人家或集体公房里。一般由三五个未婚姑娘互相邀约，各自从家里带来一套被子，在里面各自搭设一张床铺，白天回家干活吃饭，夜间一起在里面休息。村里寨外的小伙子们劳作回家，入夜都会有意无意来找姑娘们闲聊、对梅葛调，逛“姑娘房”。

❶“姑娘房”仅限未婚的青年男女出入

❷要抽到姑娘传的烟，必须对上姑娘的梅葛调

❸小伙子要继续对，直到把小姑娘对输，才能抽到烟

“姑娘房”仅限未婚的青年男女出入，已婚者禁止进入。在“姑娘房”里，小伙子可以和姑娘和衣歇宿。睡觉之前，姑娘们让小伙子先出去，然后关掉灯自己睡好，小伙子摸黑进来，爬上一张床睡觉。第二天天还不亮，小伙子就必须及时离开，所以往往睡了一晚上，也不知道身边睡的是谁。如果离开迟了，被村里的人遇到，小伙子就会遭到耻笑；若确实遇到了村里的人，要赶紧低头弯腰，让到路的下侧，让别人先过；如果遇到的是年长些的，就很有可能会遭到嫌弃，有时年长者故意一推掌，小伙就被滴溜溜推到路下面去。

青年男女在“姑娘房”同床共枕有十分严格的规矩，决不能胡来。若男青年不自重“闯红灯”，就会遭到其他人的嘲笑和辱骂，姑娘们可以马上把他赶出门，并给他起个难听的绰号，在村里村外传扬，让他从此娶不到媳妇。

姑娘看上了哪个小伙子，如果第二天发现自己的手帕或头

❶离开“姑娘房”，结婚成家

❷结婚时要唱青棚梅葛调

巾被小伙子带走，表示小伙子也对姑娘满意，下次再相见时，小伙子便回赠姑娘一份凝聚厚意的礼物。两者谈成之后，姑娘才会离开自己的伙伴，离开“姑娘房”，结婚成家。

结婚时要唱青棚梅葛调，调子通常的主要内容是教出嫁的姑娘在以后的生活中如何做人，如何生活，如何尊老爱幼。

阿爸图喝酒，
日子定好了，
阿妈图吃肉，
女儿要出嫁，
从小一起长大的姐妹们哟，
要记得去告别。

今天好日子哟，
好日子就在今天，
亲朋好友都来了，
猪鸡牛羊都宰好了，
青棚也搭好了，
棚顶是用最绿的橡登树哟，
地上铺的是绿油油的青松叶。
知了叫的地方哟，
是找柴火的地方，
蜜蜂绕的地方哟，
是你找菜的地方，
青蛙叫的地方哟，
是你挑水喝的地方。
龙川呢是出姜的地方，

黑井呢是产盐的地方，
你要吃姜要自己去挖，
你要吃盐要自己去背……

媳妇娶进家门，晚饭过后，村里老人就跳起玛咕舞。玛咕舞身段动作幅度较大，有勾腿、提腿、踮足、扭腰、摆胯、翻身、合脚等。打头的两位老人边跳边拉三胡弹奏出凄婉悠远的曲调，仿佛远古先辈们的某种古老仪式。

老人们将玛咕舞跳结束后，村里年轻人才一拥而上，跳起欢快的左脚舞。有时就院中堆起篝火，有时借着天空圆月照明，一直跳到东方大亮。

媳妇娶进家门，晚饭过后，村里老人就跳起玛咕舞

彝家代代歌飞扬

“天上星星多，彝家调子更比星星多，熟禾撒过河，彝家的调子用马驮。”无论是霸道的酒歌、古老的夜曲还是热闹的赶集调、解愁的情歌，众多的左脚调都忠实地描绘了牟定彝族风俗习惯和特色，处处可见彝族群众生活、历史、思想、精神的烙印。歌调中有着丰厚的彝族文化积淀，是彝族文化的精华所在。也正是因为根植于这片土地的文化基石之中，牟定左脚调才能产生强烈的民族认同感和归属感，代代传承。

莫给小妹白等着

如果牟定这方热土，非要用一种声音告诉世界，那一定是左脚调。无声的岁月中，这土地上的人们就这样弹着、唱着、舞着让牟定的夜从未寂寞，直到让那轮明月悄悄地落下西山口——这声音彝族人叫它“咕遮敏”，它使彝家人的生活更加糖中有蜜水里有盐。

客人来了有好酒——“喜欢也要喝，不喜欢也要喝，管你喜欢不喜欢也要喝……”这不是霸道，这是好客到了极致的表达。

“咕遮敏”没有忧伤的曲调。要告诉世界的是满满的快乐、是丰收的喜悦、是甜蜜的爱情，是美好的生活——

“月亮出来了，弦子调好了。月亮圆又圆，月亮露笑脸，我们大家一起跳，歌唱丰收年……”这是对一个丰收年的庆贺和歌咏。

“正月十五赶猫街，我在猫街等着你，不来就说不来的话，莫给小妹白等着……”这是恋爱了，略带粗野的对白直接而灼热，曲调却一味优美。其间“阿哩啰”语气词的大量复沓演唱

❶ 熟禾撒过河，彝家的调子用马驮

❷ 客人来了

更增加了舞蹈的浪漫氛围。

左脚调是跳左脚舞时唱的调子（歌曲），除了经典的调子词曲固定外，大多数调子唱词风格灵活多样，歌词可以即兴创作，有三、五、七、八、九、十一字等句式，一般以二句、四句，或六句为主，语言朴素、句式短小、朗朗上口。

在比天上星星多、多得用马驮的牟定彝家调子中，反映彝族风情的左脚调最多，日常传唱着的有300多首。经过不断地丰富和完善，形成了情歌、颂歌、叙事歌、讽刺歌、劝世歌、

❶几乎每一个牟定彝族男女都是诗人、是歌手

❷集体唱调子时，龙头四弦琴起着定音和带头作用

教育歌、敬酒歌、诙谐调等，内容涉及彝族文化、生产生活各方各面。千百年来，牟定左脚调忠实地记录了县域内彝族群众在不同时代的社会生活、民族风情、审美情趣，处处可见彝族生活、历史、思想、精神的烙印，每一种调子都是丰厚的彝族文化积淀，是彝族文化的精华所在。

古老的《迁徙调》一路唱来，随着边屯的兴起、汉族的迁入，牟定坝子得到有效开发，地主富了，人民穷了，左脚调就唱苦难调《麻布衣裳烂筋筋》；长久的农事活动积累了《犁田调》《放羊调》；一直到抗日时期唱《赶走日寇保家乡》；解放战争时期唱《共产党救的是穷人》，土改翻身了，唱《共产党恩情说不完》《社会主义好生活改善了》；在鼓励参军抗美援朝时，唱《三月麦子青，四月麦子黄》；粉碎“四人帮”以后唱《打倒“四人帮”，彝家喜洋洋》；党的惠民政策实施后，唱《农民种田不交粮》；改革开放的春风吹绿了大地，吹乐了人心，彝族人民便张开双臂，欢迎天下朋友，共饮欢乐酒，于是各种酒歌四方传布。

左脚调 90% 都是 2/4 拍子，这种进行曲般的节奏始终让人情绪高涨、积极向上，总能把人的情绪在瞬间调动到极限，让人充满活力、热情欢快、奋勇激昂。几乎每一个牟定彝族男女都是诗人、是歌手，都可以根据内心的感受，随心所欲地创作改编左脚调，也都可以根据自己的喜好唱左脚调。

当然集体唱调子时也有规定，一般都由彝族男青年拨动龙头四弦琴充当即兴乐队，起着定音和带头作用。在男青年边弹弦子边跳的带动下，女青年唱起左脚调，清脆悦耳，连绵起伏，不时又有男声加入，男女声相互呼应，情绪热烈高涨。

左脚调的歌词忽实忽虚，常用“啦里啦”“啰哩啰”等虚词，形成衬腔，凡遇凑字或虚词，彝家姑娘就会把音调在原有调的基础上翻高八度，用小嗓、假嗓唱出；每支左脚调中也会有一到二个乐句，或在曲子的中间，大部分在曲子的结

尾处，也会在原有调的基础上，提高一个八度用小嗓来唱，犹如一朵或明或暗，或虚或实的云，飘浮于歌舞之上，让调子清脆悦耳、高亢热烈，山野气息扑面而来，使热烈欢快的情绪达到高潮。

“花无绿叶不好看，哥无小妹不好玩，干脆一起打歌来；阿老表，你要来，阿表妹，你要来，不来就说不来的话，莫给小哥白等着；羊骨烟锅叼着来，羊皮褂子穿着来，绣花鞋子穿着来，鸡杀好，酒倒好，阿老表，阿表妹，大家一起唱起来，大家一起跳起来。”如此串词，随手拈来的一曲左脚调，就是一场热闹的狂欢。

左脚调在牟定人民口中代代流传，山山寨寨都能听到，老老少少都会吟唱。彝家人如果不会唱左脚调、不会跳左脚舞，会被村里的人笑话，成为另类；如果是青年男女，后果更严重，会被同伴们嫌弃，甚至会找不到对象。左脚调《老外父你家姑娘我不要》中就唱道，“老外父你家姑娘我不要，草包、脓包，脚都不会跳，草包、脓包，脚都不会跳”。可见，不会唱调子、跳脚的牟定彝家姑娘，不仅会遭到心上人抛弃，就连自己的父母也会被人看不起。

“喜欢呢也要喝，不喜欢也要喝，管你喜欢不喜欢也要

❶由彝族男青年拨动龙头四弦琴充当即兴乐队

❷左脚调在牟定人民口中代代流传

喝”——在云南，牟定的这一支左脚调几乎无人不知无人不晓，成为彩云之南酒歌的“代言”。这首歌里那种不由分说、略带蛮劲的吟唱，不羁中彰显坦荡，霸道中蕴藏热情，最能体现崇火拜火的牟定彝族人所秉承的品性。

彝族人必然有酒歌，因为他们必然与酒结缘。古时，一支彝族部族牵老携幼，赶着牛羊，一路迁徙，连年的战争动荡，使得他们甚是谨小慎微，不敢打扰沿途郡县的原住民，一路风餐露宿，悄无声息。

夜幕降临时，他们在空旷的地方搭起帐篷，烧起篝火，围着火堆而坐，吃着干粮，喝着米酒。

酒兴驱赶了一天的疲劳，彝家汉子的热情渐渐高涨。他们相继唱起调子，在一腔豪情中，抒发着内心的愿望和对美好生活的向

管你喜欢不喜欢也要喝

❶小小酒杯端起来，哥喝三杯不嫌多

❷我们彝家米酒多多有

往。这一唱勾起了大家的热情，男女老少都来凑热闹，你一句、我一句，调子唱得满山满坳。热情像火苗越烧越旺，单是唱调子已经不足以宣泄，他们便围着篝火，手拉着手，唱着调子，跳起了三跺脚：“前跺脚、后跺脚，左跺脚，跺出高兴跺出乐。”

他们就这样唱着调子一路走来，到了牟定坝子，化佛山脚，寨子山畔，白马山下，他们扎下根生生不息。正如《迁徙调》中所唱：“村头来，村尾来，房前来，屋后来，水牛冲来；黑井来，白井来，我们来到这里，来做天，来做地。”

很难想象，如果没有酒，他们如何走过漫漫长路，熬过漫漫寒夜！正如火的作用一样。如果没有酒，何来祖祖辈辈延续

碰着就来，兄弟俩好

千年的纵情狂欢！正如火在舞圈中的作用一样，酒最能诠释彝族人民火一样的胸怀和气度，酒歌最能体现彝族男女风风火火的精神风貌。

牟定彝族老表善饮，唱出“小小酒杯端起来，哥喝三杯不嫌多”的直爽；彝族人民好客，唱出“我们彝家米酒多多有，今天喝一坛，明天还有九十九”的真诚；彝族男女豪放，唱出“阿老表，喜欢不喜欢，也要喝；喜欢呢，也要喝；不喜欢，也要喝，管你喜欢不喜欢，也要喝”的气势。

“管你喜欢不喜欢，也要喝。”2009 年，牟定彝族祝酒歌《喜欢不喜欢也要喝》亮相中央电视台春节联欢晚会，后被誉为“史上最霸道的酒歌”。

早先牟定彝族老表喝酒不止唱调子，也喜欢猜拳，经常可以看到这样的画面：夜幕笼罩着大地，斑驳的土墙投下暗淡的影，木门半掩，堂屋里火塘的火苗哧哧地蹿着，铜壶里的水烧开了，噗噗地冒着白汽。一家人围火塘坐成圆圈，划拳喝酒，缺了口子的土碗倒满了酒，“碰着就来，兄弟俩好”，一个彝族汉子憋足了气，瞪圆

了眼睛，大喊一声“一心敬呀”，随即伸出一个手指，哪知对方出三喊四，一合计他却输了，只得喝上一大口酒。这时，坐在上席的老阿妈或拽过一旁的烟筒，或抽出别在背后腰带上的烟锅，从衣服口袋里掏出草烟袋，在这酒歌中吞云吐雾，享受一家人的天伦之乐。当然这种场景多出现在闭门喝酒的家院里，更多时候，一旦来客至家，接待时需要更热闹的宴席和氛围。

无酒不成席，牟定彝族人家接待客人，不能没有酒，更不能没有歌。“彝家美酒香又甜，彝家美酒敬客人，有心无心喝一杯。”“天上星星多，彝家朋友多，彝家米酒端给朋友喝，小伙这杯米酒喝下去，心中燃起一把火。”“彝家米酒多爽口，你要喝呢嘎。”炽热的酒歌，相比“开轩面场圃，把酒话桑麻”的自然恬淡，相比“晚来天欲雪，能饮一杯无”的惬意温馨，更有着彝家儿女对客人热辣辣的真诚和敬爱。

送客不能没有歌，更不能没有酒。牟定彝族老表个性坚强隐忍，留客的调子却热情洋溢，他们举着酒杯，唱着“彝家汤圆煮米酒，又甜又爽口，客人呀你请喝，不喝你莫走；要喝你就喝个够，点滴也莫留”。霸道并非不讲理，只是豪迈奔放。大山中的彝族儿女，相逢喜而不俗，离别哀而不伤，始终热情潇洒，自带一股豪气。

牟定彝族女人和男子一样，喝酒唱歌，无拘无束。她们会吃饭就会喝酒，因此酒桌上没有一个人敢把彝族女人看低半分，“阿表妹，端酒喝，阿表妹，喜欢不喜欢，也要喝，管你喜欢不喜欢，也要喝”。彝家老表对阿表妹，也是一样的霸道，看似不懂怜香惜玉，却是潜意识中的众生平等。

“耶溪采莲女，见客棹歌回。笑入荷花去，佯羞不出来”，羞羞答答的女子大都是美的，似水柔情的女子大都是被人护着的。彝族的姑娘却大不相同，她们热情爽朗，坦诚主动：“潇洒的阿老表请你端酒喝，帅气的阿老表我们来喝酒，难得我们

送客更不能没有歌、没有酒

今天聚在一起，举起杯同欢乐喝杯高兴酒。”要么唱：“小小酒杯团罗罗，小妹端酒哥来喝，爱说爱笑我两个，这杯小酒你要喝。”或者唱：“阿老表请你喝杯酒，阿老表你要喝呢嘎，今天小妹来敬酒，喝了这杯酒，小妹跟你走。”她们豪爽大胆的个性，溢满酒歌中。

面对爱情，她们更是大胆执着：“伙子标标哪呢找哎，人才好好哪呢挑，伙子标标小妹喜欢你，阿老表，你要喝呢嘎，喝了这杯实心酒，合心合意做朋友。”这些歌调一如她们心灵的质地，任性而霸道，大胆而直白。

一些酒歌实则兼具了问情传情的功能，可归入彝族情歌一类。而牟定左脚调中，情歌自然不少，可以说，牟定彝家儿女的爱情故事，基本上全都隐藏在左脚调里：“大路不平草成窝，山歌不唱忧愁多；哪样山歌最解愁，数一数二是情歌。”他们白天唱，晚上唱；他们在高山顶唱，在河谷底唱；他们唱爱慕，唱离别，唱甜蜜，唱苦涩……

彝家人爽朗的性格贯穿一生，谈情说爱时也大胆直率。如何向对方传情达意，自有左脚调来帮忙。彝家男女青年到了恋爱的年龄，都会用左脚调来表明心迹，大胆追求爱慕的对象。当然，时代不同姑娘们喜欢的对象也不同：中华人民共和国成立后喜欢当兵的，唱“吃菜要吃白菜心，嫁人要嫁解放军”；改革开放后喜欢英雄模范，唱“英雄模范人人爱”；现代大都喜欢外在形象好、内在品质佳、综合素质强的“三好”人才，唱“青菜青，白菜青，老表好良心，青菜苔，白

喝了这杯酒，小妹跟你走

菜苔，老表好人才，瞧着老表人才好、良心好、文化高，小妹喜欢你”……

在牟定众多的情歌调中，早年“送郎参军”的调子最扣人心弦。送兵的老乡早已在村头的大路两旁站好，准备前往部队的小伙子衣服干净整洁，胸前戴着红花，精神抖擞。听说他们走到隔壁村就可以坐拖拉机到乡上，之后统一坐班车到县城，到了县城就可以穿上绿色的军装，雄姿英发地奔赴更远的地

他们唱爱慕，唱离别，唱甜蜜，唱苦涩

方。至于更远的地方有多远，姑娘们谁也说不清楚。

她们躲在墙角后面，不时伸出头来张望，若被人留意到，就赶紧羞怯地缩回身去，一会儿，又再探出来。当兵的小伙子就要走了，出发的时间越来越近，暗藏心事的姑娘早已如热锅上的蚂蚁，手里攥着的绣花鞋垫都汗湿了。管不了那么多了，她从墙角飞快地冲出来，准确地把鞋垫塞在小伙子手里，来不及多看一眼，就飞快地跑了回去，像受惊的小鹿，顷刻间就消失得无影无踪。

村里德高望重的老人敲着锣鼓，催促小伙子们出发。稻场上，青年男女早已手拉手围成圈，唱起了左脚调，跳起左脚舞。姑娘们唱着《三月麦子青》："三月麦子青，四月麦子黄，小郎参军要走啰，小郎参军要走啰。"小伙子们唱道："妹莫焦焦妹莫急，隔上三年么回来了。"

姑娘们接着又唱《亲亲阿老表》："亲亲阿老表，老表亲又亲，老表参军要走了，老表参军要走了。"小伙们唱道："分别说给妹一声，妹在家中莫变心，分别说给妹一声，妹在家中莫焦急。"

参军小伙子们走了以后，村里的男女老幼都加入到跳脚场上来了，他们围成大圈，放开嗓门唱着《初三十三二十三》，跳左脚舞越唱越带劲，越跳越有力："初三十三二十三，二十三，妹送小郎把军参，把军参，十年八年等着你，等着你，望郎安心保边疆，保边疆。"也唱《我家老表去参军》："我家老表去参军，穿上绿军装，全相不说半相不说照上一张带回来，带回来，带回我望望，小妹在家里一直等着你，小妹在家里一直想着你，等到你回来我们才结婚，等到你回来，我们做一家。"

❶ 她们躲在墙角后面，不时伸出头来张望

❷ 三月麦子青，四月麦子黄，小郎参军要走啰

❸ 彝家男女喜用对唱对答的方式试探对方的心意

兵哥哥的身影渐渐消失在远方，躲躲闪闪的姑娘又自豪又沮丧，久久地凝望着远方的山峰。早有跳脚场上心细的姑娘发现了她的秘密，向身边的小伙子使了个眼色。不一会儿，一把青松毛就从她背后撒了过去，正好打在她鲜艳的绣花衣裳上，一声口哨响彻天空，“妹莫焦焦妹莫急，去上三年回来了”，戏谑的歌声惹得大家哈哈大笑。

那边姑娘早已羞得面红耳赤，一跺脚，头也不回地跑了。

送军调之外，在牟定众多的情歌调中，反映青年男女相遇相知相识的调子最多。

男女双方相遇相识后，拿不准对方的心思，就用对唱对答的方式试探对方的心意。山茶花开的时节，是对歌最好的时节。饱经风霜的老橄榄在枯树上挂了两三年，褪去青涩，色泽蜡黄。小彝妹摘下一个放进嘴里，在橄榄又酸涩又甘甜的独特滋味里，呛出了沉睡

哥有心妹有意，便说好一个日子

已久的调子：“对门山上对门坡，对门坡上石头多，吃个橄榄喝口水，小妹心里想着哥。”

山这边尾随已久的阿老表，听到对面山上清越高亢的歌声，暗暗高兴，清了清嗓子唱道：“送妹送到橄榄坡，橄榄坡上橄榄多，吃个橄榄喝口水，橄榄回味妹想哥。”

山对面突然寂静，半晌没有回音。老表满怀疑惑，心神不宁，开腔唱道：“人不合心懒开口，菜不合心懒动筷；阿妹可是嫌弃我，不睬哥哥真好心。”

对面终于又有了回应：“对门坡上对门坡，对门坡上野鸡多，野鸡见人高飞起，小妹见哥不抬头……”

老表心花怒放，试探性地唱道：“对门坡上对面坡，对门坡上荆竹多，挑棵竹子把笛做，阿哥吹着去跳脚”。

哥有心妹有意，便说好一个日子，阿老表约上村里的小伙子，阿表妹约上村里的姑娘们，晚上一起到高山头上跳脚。心情如《八月桂花香》所唱：“八月桂花香，八月桂花香，十七八的小伙子，个个都爱玩，十七八的小姑娘，哪个不爱玩？活计要做花要采，见花你要戴，活计不做花不采，白来跳脚玩，不采鲜花也自可，采了鲜花你要戴。”欢乐场景也如《弦子弹呢好是阿老表》：“弦子弹呢好是阿老表，花鞋绣呢好是阿表妹，好玩啰仁义啰扎实好玩呢，月亮团圆在十五，在呀在十五，姊妹团圆在今晚，在今晚。”

相见时难别亦难，月亮落下了山，天就快亮了，该是离别的时候了。尽管有万千不舍，也只能最后唱一曲《跳不够，玩不够》：“跳是跳不够，玩是玩不够，跳不够，玩不够，月亮落山了；跳不够，玩不够，下次再来玩。”

相爱简单，相处太难。彝家儿女坦诚又直率，总喜欢用左脚调诉说衷肠，真诚地说出内心的想法。《良心丑呢我不要》中唱道：“人说是小妹长呢好，人说是小妹良心丑；人才好呢良心丑，小哥不要啰。”《我要小哥真心对我好》中唱道：“阿老表，

❶跳不够，玩不够，下次再来玩

❷姑娘出嫁离开娘家时唱怨嫁调或哭嫁调

阿老表，送我礼物我不要，镯头链子哄我我不要，我要小哥真心对我好。”从中可见彝家儿女对待感情的态度，只要有爱，可以不计较长相，不看重是否拥有钱财和权势，要良心好，真心实意才可托付终身。

爱情中的男女，眼里的他（她）就是最好，就是唯一。左脚调《情郎小哥》中唱道：“情郎小哥情郎小哥哪个有你好，情郎小哥情郎小哥哪个有你标；搽上胭脂花粉哪个有你好，心上的小妹人才哪个有你好。”在爱情中的女子，总会患得患失，彝家阿妹总会直率又真诚地说出所想所盼，强烈地表白，深情地唱着《隔山隔水不隔心》：“隔是隔山箐呀，箐呀箐隔山，隔山阿老表，你要来呢嘎，隔山隔水不隔心，做姊做妹要真心。”期盼地唱着《说来你要来》：“十二晚上来，杨梅树下来，阿老表要说日子呢；你给舍得来，要

喜事场上喜气洋洋
唱喜事调

来莫哄我。”只有对方言而有信、忠贞不贰，才能安心。

约日子跳脚的机会总是很少，相会的日子遥遥无期，对爱人的思慕时刻忧心，“拐”出来见一见，总不为过吧。“大尖山，小尖山，拐上大尖山，哄上小尖山，老表笑眯眯，爱人嘴龇着。”“哪呢等，高山头上等，哪呢遇，山箐旮旯遇，阿哥牵着妹的手，小妹心欢喜，阿哥牵着阿妹手，小妹心欢喜。”相爱的日子，只愿默默相伴，看岁月静好，真怕如《爱死爱活人家呢》中所唱的“栽死栽活柏枝树，爱死爱活人家呢，哪呢花香哪呢去，哪呢花香落哪呢，到底想想到底气，细细想想气老了”；更怕如《上方的阿老表》中所唱：“上方的老表，下方的表姐，良是良心好，早早认得老表良心好，我们做姊做妹做成双。”

患得患失的热恋，似乎只有等到出嫁，才能安心。那首《高山茶花朵朵鲜》唱：“山茶花开一样红，高山茶花朵朵鲜，情哥与情妹，相好已多年，合心又合意，要做一家了，合心又合意，我们做

一家。”而《小郎合心妹合意》唱：“小郎也合妹的心，小妹也合郎的意，郎合心妹合意，合心做一家，小郎合心妹合意，合心合意我们做一家”，浓情蜜意溢于言表，很快发展到谈婚论嫁。于是，由这桩喜事开始，各样左脚调穿插在生活的各个细节——喜事场上喜气洋洋唱喜事调，客人来了传烟、敬酒唱传烟敬酒调，姑娘出嫁离开娘家时唱怨嫁调或哭嫁调，新娘进门时唱迎亲调，走进洞房唱合心调，生小孩坐月子唱坐月子调……

彝家的情歌调子如牟定众多山上的山茶花，数不胜数，朵朵都是彝族人民对自由恋爱、美好婚姻和幸福家庭的向往和热爱。一把龙头四弦琴、一把二胡、一根竖笛、一片树叶，都可以为情歌伴奏。多少年来，这些调子早已融入牟定的山水，融入每一个牟定彝家儿女的血脉。

❶ 约日子跳脚

❷ 新娘进门时唱迎亲调

讲情讲义的牟定彝家儿女最喜欢“赶热闹”，也就是汉族称的赶集。不过话说回来，赶街赶集凑热闹应该是各个民族生活中最为鲜活、最有人气的活动。毫不夸张地说，在民间，几乎每一块土地上都有一张“清明上河图”。和许多民族一样，彝族人在集会中贸易、访友、娱乐……或者单纯“凑热闹”，这其中牟定彝家人赶集最有特点，因为他们把赶集赶出了许许多多左脚调，你要说他们是唱着歌曲赶集，也是可以的。

左脚调有的委婉动听，如饮甘露，有的实实在在火辣辣，无不透出一个“真”字。在牟定众多的左脚调中，数“赶会”的调子最热闹，流传最广，特别是描写传统节日“三月会”和“正月十五赶猫街”的调子，几乎人人都会唱。

“三月会”作为牟定规模最大的民族传统节日，描述赶会内容的左脚调也是所有传统节日中最多的，最著名的《三月会三月街》就不提了，《哪呢等，三月会上等》也是脍炙人口、深得人们喜爱的左脚调：“（女）哪呢等？高山头上等，哪呢遇？三月会上遇，想着要见小郎面，小妹心欢喜，想着要见小郎面，小妹心欢喜。（男）哪呢等？高山头上等，哪呢遇？三

❶一片树叶都可以为情歌伴奏

❷牟定有个三月会

正月十五赶猫街，哥约阿妹来跳脚

月会上遇，想着小妹要来呢，小哥心欢喜，想着小妹要来呢，小哥等着你。”另外，唱到“三月会”的左脚调还有《牟定有个三月会》《三月会上来相会》《哪呢跳，三月会上跳》等。

“正月十五赶猫街”是牟定境内规模仅次于“三月会”的民族传统节日，左脚调《正月十五赶猫街》中唱道：“正月十五赶猫街，我在猫街等着你，正月十五赶猫街，妹约阿哥来跳脚，街头跳到街尾巴，不见小妹来跳脚；正月十五赶猫街，我在猫街等着你，正月十五赶猫街，哥约阿妹来跳脚，不来就说不来呢话，莫让小妹白等着。”莫小看这个调子，它是牟定左脚调中反映传统节日的经典之作，也是牟定传播最广泛也最具影响力的曲调之一。2007年农历春节，《正月十五赶猫街》唱响中央电视台春节联欢晚会舞台；2011年农历正月十五，由牟定籍著名歌手非明荣担任主唱的“阿乖佬彝歌队”又一次荣登央视舞台，在元宵晚会上演唱《正月十五赶猫街》。

“正月十五赶猫街”既是左脚调，也是牟定彝族传统节日，它的起源也是庙会，早先正月十五是猫街西侧的白马山传经寺赶庙会的日子。据说谁若当天赶了庙会一年里就会四季平安，青年男女若相约前来对歌跳脚，都能够心想事成，美梦成真。因此每到这一天，猫街地界各村各寨彝族群众纷纷相约前来赶庙会。敬香祈福之后，不同村落的青年男女就相约在传经寺后山顶（当地人也叫“正月十五梁子”）的林间空地对歌跳脚，物色意中人。随后这个宗教性质的庙会演变成为民族传统节日，迄今已有四百余年历史。

左脚调之外，牟定彝族曲调不得不提及蟠猫的夜曲。夜曲在牟定民间也称夜雀，起源于蟠猫古岩河畔，它以彝族声、腔、曲艺为演唱形式，多为叙述小调，通常只在夜晚演唱，故得此名。和许多世界著名作曲家所写的“夜曲”一样，它呢喃低沉，婉转缓慢，在悠扬的调子里一个个故事得以在暗夜的火塘边展开，流淌。

蟠猫夜曲大多是以叙事为主的民间小调，演唱歌手以中老年为主，多为一男一女对唱，或一说一唱，说唱间以龙头四弦伴奏。曲谱及段子相对固定，有《绣花名》《十二月采花》《人生调》等。

蟠猫的夜晚常年寒凉，古岩河畔各村，早些年彝族人家的火塘里面的火是绝对不会熄灭的。晚饭过后，串门的人们就陆续来了，男人们背着弦子，妇女们拿着绣了一半的绣片。大家围着火塘而坐，温暖的火光映照着脸庞。首先唱出声的必是绣花的妇女，她们手里不停绣着花，随口哼出绣花调，再自然不过。男人们的弦子终

❶牟定籍著名歌手非明荣演唱彝族左脚调

❷彝族人家的火是绝对不会熄灭的

于调好了，琴声随着歌声响了起来。未出嫁的姑娘定然要唱《绣花名》，憧憬着对美好生活的期望；年轻的小媳妇应当会唱《十二月采花》，在歌声中她们会把每个月里有的花都采回来，装扮新建的小家；年老点的妇女应当会唱《人生调》，从十三岁唱起，唱到一百零三岁，唱尽一生的酸甜苦辣。有时候摆上点酒和旱烟，一圈人你对我答，唱到深夜方才离去。

遗憾的是，到现在夜曲已经很少有人会唱，即使是蟠猫本乡本土的彝族人，听到“夜曲”一词，也是一脸茫然，只有一些七八十岁的彝族老人会哼几句。就连村里人认为最会唱夜曲的彝族老者，也因年纪太大，牙齿掉光，不仅唱不出来，就连歌词也差不多忘记了。这古老的节拍，渐渐在岁月的侵蚀中失传流散，只剩下飘零的片段。

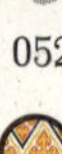

夜曲已经很少有人会唱

时代变迁是一个原因，人为的阻断也是一个原因。据说很长一段特殊的政治时期，规定不准唱夜曲，听到有人唱，就要被绑去批斗游街。就算在田地里干活不经意间哼几句也不得了，听到的人就会去举报，大队上就来抓了。于是会唱的人故意遗忘了许多东西，后来就渐渐地真的淡忘了，现在没有多少人会唱了。

无法想象在那样的时代，生活在古岩河畔的人们是如何一次次遏制住自己歌唱的天性，任流传了近千年、彝家人民代代传唱的夜曲随风飘散，残忍丢弃。这些反映彝家人民生产生活、民俗风情、爱好信仰的曲子，全部被当成糟粕，统统抛进了古岩河，消失得没有踪影。

劫难中也有幸运，古岩河上游一位耄耋老人至今还能把《串花曲》唱个大概："正月风吹串莲花，桃树李树要开花，感谢春风来得早，十盆果子九瓶花；二月风吹串莲花，想来你家园子笋子正发芽，十二姊妹来搬笋，上梳油头下戴花；三月风吹串莲花，四山阳雀叫喳喳，早叫三声春来早，后叫三声开满花；四月风吹串莲花，新犁新耙顺水拉，新犁新耙不合郎的手，旧犁旧耙老冤家；五月风吹串莲花，旧犁旧耙顺水拉，七十二条红绿线，股股拉出水仙花；六月风吹串莲花，太阳出来热哈哈，上街买把青蓝伞，上遮太阳下遮花；七月风吹串莲花，家家祖公接回家，上街买包金绿纸，家家户户烧得红花花；八月风吹串莲花，八十老者来贪花，八十老者贪花起得早，头又昏来眼又花；九月风吹串莲花，就是公公纺棉花，棉花纺得什么泥鳅对，还是没有纺出什么无色花；十月风

❶于是会唱的人故意遗忘了许多东西

❷一个个故事得以在暗夜的火塘边展开，流淌

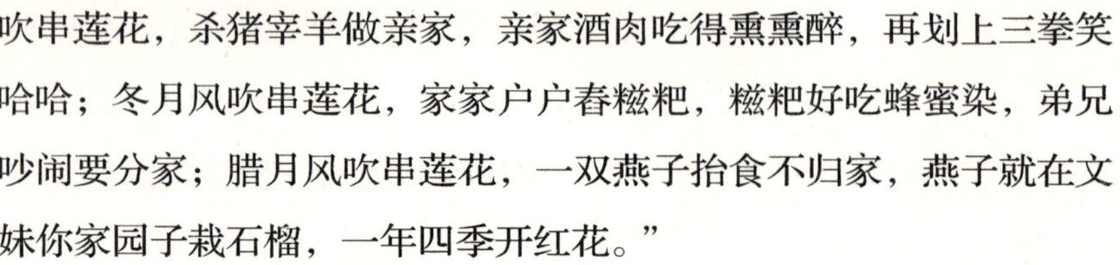

吹串莲花，杀猪宰羊做亲家，亲家酒肉吃得熏熏醉，再划上三拳笑哈哈；冬月风吹串莲花，家家户户舂糍粑，糍粑好吃蜂蜜染，弟兄吵闹要分家；腊月风吹串莲花，一双燕子抬食不归家，燕子就在文妹你家园子栽石榴，一年四季开红花。”

在老伴的提醒下，老人搜寻了半天的记忆，又说唱了一首《十字歌》：“什么叫作弯弯一条龙，什么叫作亲亲两兄弟，什么叫作分长短，什么叫作正乾坤，什么叫作盘龙棍，什么叫作两点一横托一点，什么叫作一个弯弯朝下扭，什么叫作两分明，什么叫作金钩挂，什么叫作两分心。”这首夜曲相当于当地彝族的“识字歌”，把一到十的数字做了形象的比喻并唱出来，以此教育孩子。

据传早年当地人也用夜曲探寻过人类的起源，类似腊湾梅葛调的部分内容，但已经明显汉化了，一些曲词如下：“天上梭罗哪个栽，地下黄河哪个开？西山落阳哪个造，础石栏杆哪个栽？哪个出来分天地，哪个出来分春秋……”“天上梭罗王母栽，地下黄河老龙开；西山落日张班造，础石栏杆鲁班栽；盘古年间分天地，山中鸟雀分春秋……”残留的几句《点梁调》中也说道：“王母娘娘从昆仑山兜回几个石头蛋，揣在怀里孵出鸡，一只飞到山上是山鸡，一只飞到箐底是箐鸡，一只飞到田里是秧鸡，一只飞到家里是家鸡……”没想到，历来争论的到底是先有鸡还是先有蛋的哲学公案，此中已见分晓。

从十三岁唱起，唱到一百零三岁

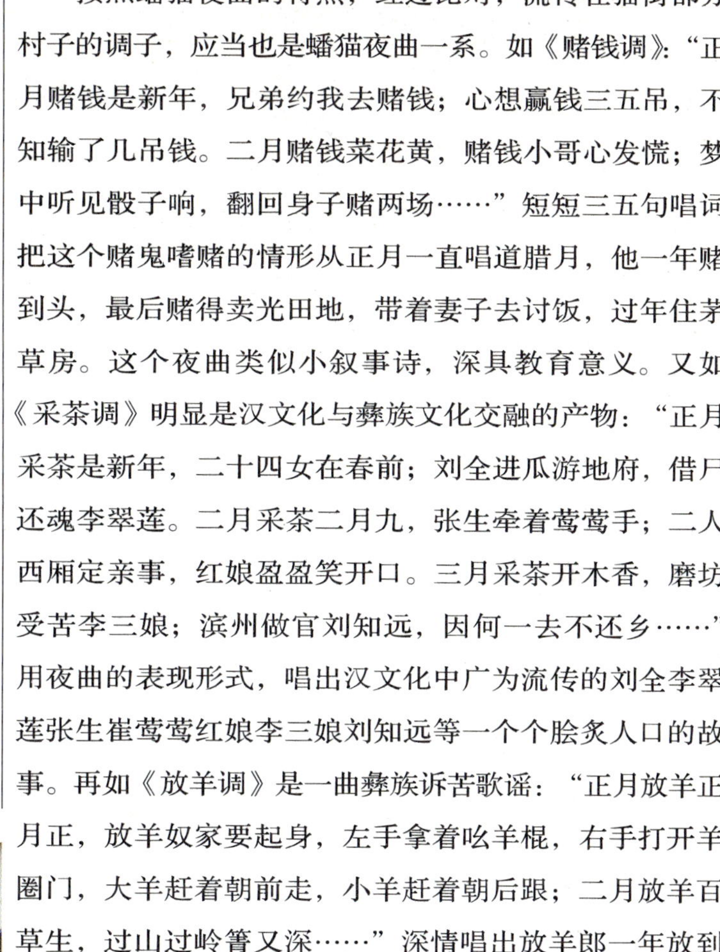

按照蟠猫夜曲的特点，经过比对，流传在猫街部分村子的调子，应当也是蟠猫夜曲一系。如《赌钱调》：“正月赌钱是新年，兄弟约我去赌钱；心想赢钱三五吊，不知输了几吊钱。二月赌钱菜花黄，赌钱小哥心发慌；梦中听见骰子响，翻回身子赌两场……”短短三五句唱词把这个赌鬼嗜赌的情形从正月一直唱道腊月，他一年赌到头，最后赌得卖光田地，带着妻子去讨饭，过年住茅草房。这个夜曲类似小叙事诗，深具教育意义。又如《采茶调》明显是汉文化与彝族文化交融的产物：“正月采茶是新年，二十四女在春前；刘全进瓜游地府，借尸还魂李翠莲。二月采茶二月九，张生牵着莺莺手；二人西厢定亲事，红娘盈盈笑开口。三月采茶开木香，磨坊受苦李三娘；滨州做官刘知远，因何一去不还乡……”用夜曲的表现形式，唱出汉文化中广为流传的刘全李翠莲张生崔莺莺红娘李三娘刘知远等一个个脍炙人口的故事。再如《放羊调》是一曲彝族诉苦歌谣：“正月放羊正月正，放羊奴家要起身，左手拿着吆羊棍，右手打开羊圈门，大羊赶着朝前走，小羊赶着朝后跟；二月放羊百草生，过山过岭箐又深……”深情唱出放羊郎一年放到头，主人不给一文钱，白苦白累又一年的凄苦生活遭际，是反映社会现实很深刻的一类。

遗憾的是，这些从一个农家手抄本上发现的蟠猫夜曲，除了上年纪的老者能哼几句，至今已没有人会完整地唱。想来，在火塘边唱的《放羊调》，应当哀伤中有一丝温暖，在如茵的山坡上唱出的《放羊调》，应当悲苦中有无限苍茫。

①在歌声中她们会把每个月里有的花都采回来

②红娘盈盈笑开口

彝绣彝弦齐焕彩

久远的年代里，牟定彝族群众的歌舞多在宽阔的野外，他们用左脚舞来点燃生活，用左脚调传唱人生；他们用五彩的彝绣服饰来彰显生命，用龙头四弦琴弹奏心曲。经济大潮汹涌之前，彝家人从未想过将绣品、乐器等歌舞文化衍生物变成商品在一个市场里买卖。如今这些东西都称之为文化产品，在牟定县城彝和园里有相应的街区集中展示并销售，渐成壮观产业。

新建不久的牟定彝和园在市民休闲娱乐的功能之外慢慢承担起了文化产品集散和中转站的角色。彝和园石板路两侧都是仿古建筑，一排排房屋层次鲜明，错落有致，三坊一照壁、走马转阁楼、四合五天井的房屋结构，山墙及前后檐下都绘有花卉、动物图案，三柱落地有底檐柱，正厅八尺柱脚石雕、硬山封檐及檐口、房头上的龙凤雕像，彝族建筑“重檐式”“穿斗式”“悬山式”的木结构，屋脊曲起以及斗拱、端鼻起翅、山墙收分、屋面凹曲等建筑技术，都在这里得到了最真实的还原和再现。

这当中，“髳州府衙”是彝和园标志性的建筑，府衙连续建了三个院落，俗称“三重堂”。每个院落实际上就是由围合的四幢房屋组成的四合院，中间有宽敞的方形院落，进大门前方有照壁，在大院中轴线上开门，将院落与院落之间连接起来。大门两侧立石狮，门前有一开阔场地，古时为举行阅兵、礼仪的场所，演变至今，就是供人们休闲娱乐，烧篝火弹弦子跳左脚舞的场所，府衙对面、小广场旁建有戏台，如今夜夜左脚歌舞不息。

紫的叶子花伸展着枝蔓在青棚建筑小品上爬行。以“青棚”为

"髳州府衙"是彝和园标志性的建筑

原型的青棚建筑小品，在彝和园中最为多见，通常是搭建一个木架或钢架，栽点叶子花、紫藤、常春藤等藤蔓植物，供老人纳凉休闲，供孩童玩耍嬉戏。

"青棚"的创意取自乡间的彝家民俗。在乡下，村里只要有人家办喜事，大人们就在院子中央搭青棚——用"丫"字形的树干作为四角的撑柱，树"丫"之间连接着粗壮的横梁，悬空的框架内再铺上枝叶茂密的麻栗树、清香木的枝叶。青棚下是厚厚的青松毛"绿地毯"，人们可以席地而坐，或者在树叶和松毛的清新气息中休闲娱乐。到了夜晚，就在青棚中央烧一堆柴火，来自四面八方的客人围着火唱左脚调、跳左脚舞。

作为一个小城的新中心，彝和园品位提升当然不能仅仅有"仿古特色小镇"这样的外壳，它一定得具备一个核心要素：文化。仿古建筑只算是浅文化或只算模拟的文化，一地的原生文化

新建不久的牟定彝和园

才是真文化，它自有历史纵深和现实成果。

彝和园开发者正在悄然移植牟定本土文化，餐饮自不必详述，单单抓住彝族歌舞及其衍生文化品类就大有意味。

在古代的民间，夫家择妻首推女红。这不单单因为女红是当时女子一门必备技艺，它更是女子品行的直接映照。绣花的女子，必定兰心蕙质，身处红尘俗世也如在藕花深处，心淡如莲，纵然生活贫寒，也能把生活过得有声有色。

牟定彝家的姑娘们大多会绣花。姑娘们长到十三四岁，母亲就会教她们学绣花，满山的山茶花就是最好的花样，一朵一朵，绣满了鞋垫。就连吃不饱穿不暖的日子，干活劳累了一天的小媳妇，也要在夜晚点亮油灯，在衣领子上绣出一朵朵鲜艳的山茶花，缝上一道皱褶的镶边，外面才穿上枣红色或黑色的领褂。不管多忙，她们也要纳出千层底，在鞋帮上绣出山茶花，做成绣花鞋。要多多地绣些鞋垫送给心上人，虽然只是垫在脚下，外人欣赏不了，但也要绣

得好看，每扎一针都是柔情，每走一步都是关爱。

走在彝和园彝绣一条街上，两旁的彝绣店纷纷迎来，又缓缓藏到了身后，王玉萍彝绣、杰鲁彝绣、锦绣彝

❶绣品既有较强的视觉冲击力，又有浓郁的彝家生活气息

❷姑娘们大多会绣花

❸彝绣常以图案的形式体现在各类纷繁绚丽的服饰上

❹姑娘们长到十三四岁，母亲就会教她们学绣花

庄……两百多米的街道两旁，聚集了四五十家彝绣店。而店里绣娘们所从事的，正是彝家女儿千百年来一脉相承的技艺——彝族刺绣。

刺绣是牟定彝族妇女千年传承的一种纹样装饰技艺，常以图案的形式体现在各类纷繁绚丽的服饰上，也被称为“指尖上的艺术”或“针尖上的艺术”。牟定刺绣多以红、白、青、绿、蓝、黄等绒线交替挑刺，图案纹饰喜欢采用较为形象的动物、植物、山水、天象和各种几何形图纹，上至日月星辰、云霞雷火，下至山水花木、飞禽走兽，堪称千姿百态，包罗万象。

弦子是牟定民间对龙头四弦琴的俗称

牟定彝族绣品既有较强的视觉冲击力，又有浓郁的彝家生活气息，融贯着牟定彝族群众的智慧、汗水和感情，寄寓了他们淳朴的感情和对美的真切感悟。

随着“中国彝族左脚舞之乡”品牌知名度的提高，牟定彝族刺绣在民间不断弘扬光大。目前县内已拥有了上千人的刺绣群体，刺绣作品由初期的实用品向艺术品、旅游纪念品、观赏收藏品等方向转型拓展，各类产品除满足州内外需求外，也远销到台湾、北京、上海、深圳以及美国等地。

艺人王光金正埋头做着弦子

弦子是牟定民间对龙头四弦琴的俗称，是牟定左脚舞、左脚调的重要伴奏乐器，因其上雕有龙头，由四根弦组成而得名。在彝和园的弦子制作工艺店里，年过六旬的龙头四弦琴制作艺人王光金正埋头做着弦子，他的妻子正仔细地修剪着即将插在弦子龙头上的绒绒球。正值三月会期间，店里店外都站着想买弦子的人。

王光金是蟠猫乡梅子树村人，在其父影响下，20 岁就能独立设计、雕刻弦子，所做的弦子远近有名。1999 年 6 月，经云南省文化厅、云南省民委批准，他被命名为云南省第一批民族民间美术艺人。彝和园建成，他的工艺店就从蟠猫搬到彝和园中，专门做弦子卖。

他多用楸木板拼成八角形板盒，在板上刻出“二龙抢宝”的图案，着上鲜艳的颜色。王家制作弦子的技艺有三代历史，

几乎人人都有一抱弦子

为确保弦子的音质，弦子共鸣箱都用楸木做成，并且所用的楸木都有七十年以上树龄。他家祖祖辈辈都在自留地周围种上楸木，供下代子孙做弦子使用，他老家大大小小共种有楸树七八百棵。他如今用来做弦子的楸木，还是爷爷辈种下的。

王光金制作的弦子雕工精良，外形美观，弦品黏合考究，声音圆润清脆，曾多次在省、州民族民间工艺品展演活动中荣获金奖。在他的小店里，有一面墙上满满地挂着他获得的各种奖状。

正如左脚调中所唱，“弦子弹得好，是阿老表；绣花绣得好，是阿表妹……”牟定彝家姑娘大多会绣花，彝家小伙子大多会弹弦子。弹得一手好弦子的小伙子备受姑娘们的青睐。在人与人之间、村庄与村庄之间信息沟通靠带“口信”的年代里，弦子是青年男女互传信息的重要渠道。听见弦子响，众人脚杆痒，村头弦子一响，村里的人们就聚拢过来，左脚调就跟着唱起来，在热烈明快的节奏中，左脚舞也随之跳了起来。那些时候姑娘小伙大都在跳脚场上相识，相知相许。如果小伙子不会弹弦子跳脚，就很难找到媳妇。

彝家小伙子几乎人人都有一抱弦子，家里条件不好没钱买的，也要千方百计攒钱去买，有的挑柴去卖，有的背桃梨去

卖，或去干几天苦活，无论如何也要凑够一抱弦子钱，正月十五到猫街或三月会到县城会场上买来。

弦子的弹奏相对简单容易，即便没有音乐基础，甚至不认识字的人，只要跟着会弹的人看看学学，随手多弹几回，甚至多去赶几场会，自然而然也就学会了。

清脆的弦子声是牟定人民欢乐的源泉，但也曾充当过惹祸的

根。在那段特殊时期，弹弦子被称为“二流子”的行径，一些所谓的“头头”都是循着弦子声到处抓捕“二流子”。有人居然还把弹弦子的人编进了左脚调：“二流子，弹弦子，搞复辟，搞倒退”……

历史证明，扎根群众、扎根生活的艺术才是真正的艺术。如今，弦子又恢复最初的生机与活力，在三月会会场上、左脚舞广场上，甚至村头地脚、农家小院里，随处可见彝家老表抱着弦子弹，咚咚咚、咚咚咚地弹着，清脆的声音响遍了整个牟定。

①清脆的声音响遍了整个牟定城

②如果小伙子不会弹弦子跳脚，就很难找到媳妇

第二章
天赐绝味油腐乳

人类发现火，从茹毛饮血到熟食，实现果腹和御寒，美食就伴随岁月走进了人间。从此人类的烟火开始持续创造着众多美味。世界各族中，中国人的美食谱系最为发达，中国美食成千上万，其中不得不提及的却是豆腐，八大菜系都绕不开它，它是名副其实的“中国通”。古往今来不单单豆腐流行，霉豆腐、卤豆腐、干豆腐等与豆腐相关的多类衍生食品也在各地众味散香。地处滇中之中的牟定亦幸有天赐美味，独以油制豆腐乳鲜香古今，其味冠绝云南冠绝华夏。

煮豆作乳脂为酥

文化楚雄 THE CULTURAL ASPECTS OF CHUXIONG

豆腐为天下人所喜爱，一在其有丰富营养又能搭配多种食材得出混合美味，二在其脂酥一般白嫩鲜的外形，三在其寄寓了国人清白为人的道德理想。好豆腐会因地因气候不同而呈现各种风味，驰名国内的牟定腐乳，其前世今生正是一块牟定好豆腐。

说牟定腐乳如何味甲天下，根子都在牟定白豆腐和霉豆腐品质好极。

先从白豆腐说起。白豆腐是中国特产，处处能制作，做出来都是色白味淡，容易与其他食材相融会。各地聪明的厨师充分利用豆腐这个优点，灵活配以山珍海味等调制出了各种美味佳肴，且从南到北各具地方风味特色，因此豆腐在中国几乎家家蒸煮、人人爱吃。

据说白豆腐是汉代淮南王刘安发明的。一句“刘安做豆腐——因错而成”的歇后语至今还在淮南民间流传。刘安明明想炼丹服食求长生，丹没炼成，却做成了豆腐。炼丹炼成了豆腐，在刘安这是一个错误，但却成就了一个歪打正着的发明，也成了千古佳话。刘安是汉高祖刘邦的孙子。相传，刘安无心过问政事，他梦想长生不老，急于寻求灵丹妙药，于是在八公山召集了一批门客，叫他们燃起熊熊炉火，用黄豆和盐卤炼丹。不料刘安渴求的灵丹妙药未能如愿炼出，而黄豆和盐卤混了水高温加热后却起了化学反应，变成了一种细腻可口的东西，这就是世界上最早的豆腐。

豆腐在中国几乎家家蒸煮、人人爱吃

还有一种研究，认为豆腐从寺庙传出。这种说法也有一定道理。僧人食素，日日与素的食材打交道，有限的几样东西要做出不同的味道就只能混搭，于是他们最有机会发明创造出一些新食品来。和尚与豆腐向来关系密切，据说唐代鉴真和尚在757年东渡日本时把制作豆腐的技术传入日本，所以日本人视鉴真和尚为豆腐技术的祖师爷。

在牟定也有豆腐从寺庙中传出之说。民间传说里牟定最早的寺庙是猫街地界中峰山上的中峰寺，证据是至今犹存的一块碑，官方志书却未曾记载。后来牟定的寺庙多集中在化佛和白马二山，却都建于明清时期。一个不争的事实是，明朝末年豆腐已是常见食品，成为全县各族群众素菜中的重要菜品，烹调上炒煮炸炖，花色品种齐全。如此分析，牟定豆腐始于寺庙并无确论。

豆腐由于自身的营养价值，有“素中之荤”即“素菜中的肉”一说，一块俗世豆腐成了“中国通”流行各地，不止寺院

一块俗世豆腐

僧侣，其他社会各阶层都爱吃。长期发展演变过后，国人已形成了自己独特的豆腐文化，历代名流学士、骚人墨客也多与豆腐结下了不解之缘，留下了许多赞美豆腐的妙句佳篇。宋代大文豪苏东坡爱吃豆腐，他赞豆腐是“煮豆作乳脂为酥”，如今民间以东坡命名的菜很多，最有名的就是东坡豆腐。元代张劭写有《豆腐诗》：“漉珠磨雪湿霏霏，炼作琼浆起素衣。出匣宁愁方璧碎，忧羹常见白云飞。蔬盘惯杂同羊酪，象箸难挑比髓肥。却笑北平思食乳，霜刀不切粉酥归。”诗中把豆腐比作“方璧”喻作“羊酪”，形象地写出了豆腐的优美质地和制作豆腐的全过程。

“茅店门前映绿杨，一标多插酒旗旁。行厨亦可咄嗟办，下箸唯闻盐豉香。华尾金盘真俗物，腊槽红曲有新方。须知淡泊生涯在，水乳交融味最长。”清人查慎行与张劭同题的这首《豆腐诗》写得也很精彩，特别是最后两句，借豆腐的特别质地来表达诗人美好的节操和高雅的品格，达到了物我合一的艺术境界。

做豆腐是真的苦

无独有偶，清代杨燮也赋有一首《豆腐诗》，诗曰：“北人馆异南人馆，黄酒坊殊老酒坊。仿绍不真真绍有，芙蓉豆腐是名汤。”一首诗绕来绕去就是为了赞美绍兴一道叫芙蓉豆腐的菜，亏他这么费脑筋。

豆腐好吃不只会写诗的人知道，但豆腐好吃做却难，个中苦味只有个中人知晓。花有百样红，人生各不同。一块俗世豆腐，也演绎着牟定豆腐人家的各色传奇。

“世上有三苦，读书赶马做豆腐。”读书要起五更，赶马要喂夜草、要风餐露宿，做豆腐也一样，要起得更早。如今上了年纪的牟定人，尤其是做豆腐的人家，许多人的

厨房里母亲都在忙碌

童年记忆里都有一个相似的场景：总感觉不管自己什么时候起来，自家厨房里母亲都在忙碌，那眼大灶火光通红，大锅里冒着腾腾热气，母亲已经开始熬豆浆，院落里飘着豆浆的香气。

豆浆用柴火灶熬出来的，熬得透了，特别香。牟定做豆腐的人家因为忙不过来，很多时候每天就只煮一锅饭，吃的时候就各自盛碗饭，舀勺豆浆或者舀勺豆花拌着，再就着一碟咸菜，豆豉、腌菜、腐乳，不管什么吃着都很香，也很下饭。许多人喜欢吃豆浆，只是现在用机器加热的豆浆吃不出原来的味道。柴火熬出来的豆浆真的让人怀念，越上岁数越怀念。

古老的豆腐工艺，纯手工纯劳力，没有机械，自然有很多事情要做。首先是买黄豆。过去的黄豆还带着豆荚，拿回来要晒干要用连枷敲，要用簸箕筛子把碎屑簸干扬净。还要挑水。做豆腐最是费水，一家人每天要挑十多挑。子女长到能挑水的年纪，也轮着挑，大的三挑四挑，小的一挑两挑。有的人家离水井来回几百米路，也

城市里，石磨已经成为古董

总要把一口大石缸、一口大锅挑满才够一天的用度。

备满水后，每天还得忙碌到夜晚 10 点多钟，一家人要把晒干扬净的黄豆加水泡好，才可以休息。凌晨 3 点多钟，最迟 4 点钟就要起床磨豆浆，通常是那些勤劳的女人们，在昏暗的油灯亮子下，推磨磨泡开的黄豆。

尤其到了寒冬腊月，做豆腐最好的时节，一个接一个深夜，那些做豆腐的人们累得顾不得擦汗，都想着做出好豆腐明天赶紧卖点钱为孩子们赶制一两件冬衣。他们推动石磨滚动时发出咕咚咕咚的沉闷响声，那些静谧的乡村夜晚，对于熟睡的孩子来说像来自遥远的大地深处，像缥缈的夜曲。而木勺子刮磨眼周围散落的黄豆，刮出吱吱吱的声音，像遥远的天籁闯入孩子温馨的梦乡，躲进沉沉夜色。

石磨，同样属于那一个时代。现在，走进荒僻的某个乡村，可能会在一个未知的角落看到石磨，完好或者残损。双人推的大石磨和一个人推的手推磨，像一个曾经光彩照人的皇宫嫔妃，现在成为弃妇，蓬头垢面，无人问秋风寒凉。而城市里，石磨已经成为古董，藏在文化馆博物馆或者由私人收藏。

灶膛里烧起柴火，冒着青烟，发出欢笑的吱吱声和噼噼的

炸裂声，烧出一锅滚水。石磨磨出的豆浆冲入滚水，搅拌，在大锅上支好过滤架、支好筲箕、铺好口袋，舀进豆浆过滤，滤除豆渣，豆浆就在大锅里熬。

用石磨磨出的黄豆，豆渣剩得多，20 世纪 80 年代后期牟定豆腐人家普遍使用小钢磨，剩下的豆渣少了许多。豆渣也是可以吃的，加工成干豆豉，油炸或者火烧，依然有豆腐的干香。牟定乡村时至今日还不时有人家在冬季把豆腐渣做成干豆豉。

不时有人家在冬季把豆腐渣做成干豆豉

冬夜漫漫，到自家院子里的鸡前前后后打鸣时，一锅豆浆已经熬熟，暗香浮动，只是哪里来得及享受，草草地喝一口算作早点而已。

新鲜豆腐点热浆，一熄火就要点

忙碌了一夜的人们赶忙熄了火，锅面上漂浮一层薄薄的豆黄色的膜——豆腐皮。豆浆、豆腐皮，再加上锅底用锅铲铲起来的豆腐锅巴，这时候就有了三样豆腐产品。

新鲜豆腐点热浆，一熄火就要点，霉豆腐点冷浆，豆浆要冷却到差不多的温度，民间经验是把手放进去不烫手，这时候才点卤。把握温度很关键，早了豆腐嫩，不成型；点晚了，豆腐老，口味差。

现在有温度计测量，过去用手估量。

点热浆时，老早就在灶膛里烧熟的石膏此时躺在石臼里，须舂成粉，加水调和后滤去粗渣，把石膏水倒入豆花搅拌均匀，点卤——这一豆腐制作的核心技术至此完成。豆浆聚合成糊状，成了白花花的豆腐脑，牟定地方叫豆花。豆花装入铺好白纱布的豆腐盒，压制后脱水成型。鲜豆腐压出的水叫酸浆，要留着用来点冷浆做霉豆腐。

卤水点豆腐，一物降一物。世事纷繁，却走不出相生相克这样的自然法则。

那时人挑马驮出门赶早市去卖豆腐。走在经霜的村庄石板路上，走进人迹板桥霜的唐诗意境，踢踏的马蹄声，急

促粗重的脚步声，引得一村狗吠。星星还眨着眼睛，东方还没有泛白，露水白霜打湿鞋袜裤腿。走着走着，放出一丝天光，朦胧退去几许，再退去几许，已有多年老顾客站在村路边等候。到走进街市，倚着门框的一个老妪端着一把竹编小筛走出，买半斤豆腐，再讨一点随手捏成团的豆腐渣。市场上已是一片熙熙攘攘，在自己的摊位立住脚，和两边的同行或者买卖人打招呼。

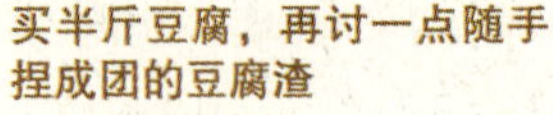

买半斤豆腐，再讨一点随手捏成团的豆腐渣

那时候卖豆腐，还同时挑着豆腐渣和豆腐锅巴，这些副产品，一样有人买卖。三五个铜毫（旧时钱币，分币），随手捏一团给人家，回家放在菜里。过去这样吃，现在还这样吃，能卖百多个铜毫，差不多也要装一土大碗。豆腐大多数人用粮食兑换，大米、苞谷、黄豆、麦子、荞，哪样都行。如果能够就市卖掉，当然好，只是很多时候，满筐挑着担子去，还要满筐挑着杂粮回来。

古老的牟定县城是一座袖珍小城，一条城河和一圈城墙围进去六百亩土地。《民国牟定乡土地理志初稿》载：“县城偏本境西南，在零川河之东北，系砖石筑造，成一正方形，高一丈七尺，周一里三分，计三百九十七丈有奇，是县城之最小者也。”按此记述，当时楚雄府所辖三州四县中，牟定县城旧制（规模）为最小。

牟定县城街市虽小，却有明确的分类市场：“东街卖豆腐，南街卖葱韭小菜，西门卖柴火，北街卖炭……金马村的小白菜，锦石屏的葱，南门外的韭……”

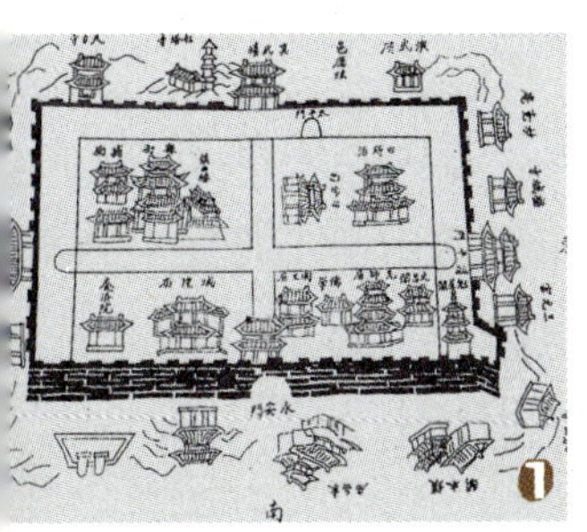

早年牟定豆腐集中于东街卖是因为东街及其延长线东门外一带集中了好些做豆腐的人家，他们聚群的原因是东门外水源好。当年牟定县城东门外可以挑水的有三口井，但是只有一口能够做出好豆腐。老辈人所谓的好豆腐有两层意思：一是品相好、吃味好；二是用好井水时一斤黄豆能做四斤以上的豆腐。

20 世纪 80 年代，东门外一条两三百米的小街上有四五家做豆腐。每天清晨，街头遇到都要互相问问要挑到哪些村子去卖，大家尽量错开。若能找到没有人家做豆腐的村子，一个挑子，4 板豆腐，32 公斤，很多时候走完一两个村就可以卖完。后来随着国家政策的向好、农村市场慢慢发育，周边村子里做豆腐卖的人家逐渐增多，很多村子里都有，县城做豆腐的人也不跑村了，专门在农贸市场租摊位卖豆腐。

前几年生意好的时候，在农贸市场固定摊位上一天可以卖掉一榨豆腐（12 公斤黄豆，可以压 6 板豆腐），特别是杀年猪那段日子家家灌装豆腐肠子，白豆腐最好卖。入冬后订霉豆腐的人也会逐渐增多。曾几何时，因为买霉豆腐的人多，在农贸

❶ 古老的牟定县城是一座袖珍小城

❷ 杀年猪那段日子家家灌装豆腐肠子

市场卖霉豆腐时还专门订制了1公斤装、2公斤装、5公斤装的纸箱，随来随取。那时牟定的霉豆腐是出名的好，连元谋、永仁那边的人都慕名来买许多回家去四散友朋。

说到霉豆腐，其来历也有一个传遍大江南北妇孺皆知的故事这样说：一个穷书生，好不容易得到一块新鲜的白豆腐，舍不得一次吃完，剩下的一半不知道放在哪里好，想来想去就把豆腐藏在一个草堆里。后来他埋头读书竟然忘记了，几天以后想起来，找出来一瞧，豆腐上长出了灰白灰白的绒毛。书生心疼得不得了，虽然有了股臭味，但舍不得丢，就把它煮来吃了，不想味道竟然出奇地鲜美。无意中发现了美味，书生忙不迭地传告四邻乡里，竟有人学着做了，也让味蕾好过了一回，于是霉豆腐的做法传开了。

这个故事未必进得了信史，但人们还是宁愿相信霉豆腐就是那么来的。传说故事是一种精神化了的物质，是文化，是对物质世界另一个向度的探源，只要说得有理有趣，大可不必去较真。好在世上爱吃霉豆腐的人真就那么多。传言牟定霉豆腐除了好吃还增劲，城乡吃惯霉豆腐的人经常说自己三天不吃霉豆腐，走路连脚都拖不动，听的人也不会去辨别真假。

如今牟定一些村里的家庭妇女还在冬季里保持做豆腐的习惯。冬上办喜事、杀年猪，她们会聚在一起拼材料做豆腐。你家二斤黄豆，他家三斤，四斤五斤，各看各的情况。捡净晒干，泡透，找一

有一个传遍大江南北妇孺皆知的故事

台粉碎机（俗称小钢磨，也叫 310）磨出来。然后按照工序，先做新鲜豆腐（点热浆，90℃左右），然后把酸浆水留下来，再点冷浆（58℃左右）做霉豆腐。

冬日里就不断出现这样的乡村场景：一群乡村妇女从大门出出进进，她们有说有笑做豆腐，熬豆浆、做豆花，豆浆、豆花、豆腐各家该分多少，早有多年约定俗成的规矩管着。

一场农村客席，虽说不上豆腐当家，但也是少不得的。

大炸豆腐。长方形豆腐块，油炸，再经水煮，上桌后蘸着酱油辣碟吃，风味独特。大凡 60 后、70 后的人都有这样的乡村记忆：母亲从亲戚或者相帮村邻时省下自己的一份大炸豆腐，在碧绿的菜叶里包着，交给自己，蹲在门槛上，汤汁和香气一起充满唇齿。客席上与豆腐相关的乡间美食一般还有小炒豆腐、豆腐圆子、麻婆豆腐、豆腐鱼等等。

客席后折回来的各种熟菜蔬，在冬天要熬酸菜，酸菜少不得大炸豆腐，如果没有，没有上过桌的也要新添点进去。

豆腐上长出了灰白灰白的绒毛

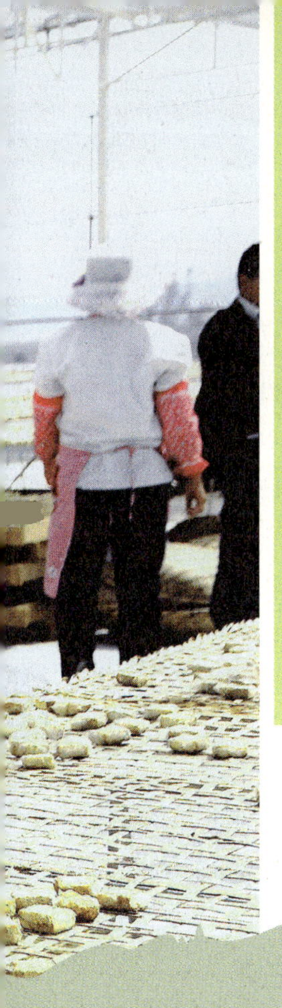

在牟定农村，喜事结束，主人家散相帮，要为带着盆来、挑着挑子（乡邻、亲戚挑来朝贺的大米、蔬菜、豆腐）来的相帮散酸菜。

通常好几户人家都做了豆腐。杀猪饭用一点，用猪血和豆腐灌腊猪肠，更多的是腌腐乳。豆腐压好，切成方块，装进豆腐架，霉透了，晒干然后腌制。农村不像工厂，标准化的机器生产，各种配料有固定标准。一斤腐乳放多少盐巴，不能多也不能少。农妇手工操作，凭手感。像厨师一样，看各自的本事。虽然辛苦，但村里人聚在一起，热热闹闹，显得亲切，也有乐趣，再说了，备下的这些东西，可以吃一年，还可以给在外工作的子女带一点。换个角度说，那叫安全放心。

一村里三两家人四五个霉豆腐的木架子摆在一起，铺在稻草上边的豆腐已经长出一层白色的绒毛。互相帮着翻豆腐，让背面也长毛；腌制时互相帮着下盐巴辣子面。乡村妇女用乡村的方式交流互助，一点一点积攒乡间友情，做豆腐、腌制腐乳的技艺一代一代、一村一村在牟定地界内外持续流传着。

❶技艺一代一代、一村一村在牟定地界内外持续流传着

❷家庭妇女还在冬季里保持做豆腐的习惯

❸一场农村客席，虽说不上豆腐当家，但也是少不得的

一方水土一方味

牟定特殊的山水地理造就了味道突出的腐乳。好水造出好豆腐，远古一口石羊小井汩汩流淌持续提供了天台好豆腐的灵魂。相应地，石羊井所在的龙川河流域、化佛山水系持续影响着牟定坝子的土与风与水，使整个区域成为好豆腐、好腐乳的出生地。最终，凝聚了牟定山水灵气的腐乳成了牟定人乡愁最直接的寄托物。

说牟定腐乳必先说天台，说牟定腐乳必然说到石羊井。

以天台命名的地方充满诗意，不是一个好地方，也一定是一个有故事的地方。

但是牟定天台，却二者兼而有之。

在其他地方可能算不了，但在牟定算。《民国牟定县地理志初稿》第二十六课《乡市》载："邑北十里，曰天台街，仅一正街，以二、四、六、八、十等日为市期。"与同期的戌街"逢戌日为街期（12 日一街）"以及清和街"逢二、七日为街期"相较，已足见其商业繁华。作为牟定最大的乡街子，街期与县城一、三、五、七市期互为补充。

天台因何得名？源于天台寺。

站在天台小镇最高处俯瞰县城，牟（定）姚（安）公路像一条河流，穿越城郊田野，一头突兀而起，走过数百米小街又一头跌落，如一根无尽的坠着饰物的飘带连接。

天台寺，始建年代不详（牟定现存旧志均只载其位置）。现在留存一座殿宇，却是玉清（元始）天尊、上清（灵宝）天尊、太清

（道德）天尊（太上老君）三位尊神的道场，曰三清阁。历史上的天台寺是一个佛道合一场所。中华人民共和国成立后改建为学校，是今天台中学。

天台寺的得名流传一个故事。建寺之初，选址在相隔不远的天平安山，但备好的所有木石却在开工前一夜莫名其妙地消失不见。后来又被人发现搬到了附近一座小山上，这座山就是现在的天台街（天台山）。主事者决定依天意而行。寺建好后，索性就以天台（抬）寺名之。

正月十六的寺庙庆典活动也发展成为一个民族传统节日。是日，一条天台小街人山人海摩肩接踵，交通阻断，春耕农用物资交易、商贸活动，唱左脚调跳左脚舞，热闹非凡。

正月十六赶天台以外，最令天台街声名远播，既有实物，也有传说的却是一眼名曰石羊的古老泉水。相关传说从三国蜀汉诸葛亮南征一脉延续，直到当下，还在与牟定腐乳伴生故事。

明朝以前牟定鲜有中原先进文化传播。自明初汉人通过谪戍、游宦、商贾置业等多种形式大量进入，到县境内汉人占到多数，汉文化始兴。很快在流官和文人笔下，以诗词形式归纳出了定邑（古时定邑即今牟定）四景：会山列翠、零水拖蓝、羊井奇踪、龙泉灵应。

其中之一的“羊井奇踪”即在天台。

天台街一个小小的巷口往下，一个缓坡，不足百米，一片小小的田畴间，一眼方井赫然出现。

这就是从蜀汉一直讲到今天的石羊井，羊井奇踪所在。

相传，三国时诸葛亮南征孟获，就在五月渡过金沙江，深入不毛之地。途中蜀兵多中瘴疠之气，有的成为哑兵，苦不能言，喜不能语。军医无法医治，诸葛亮为此不甚烦恼。进永仁，过元谋，大军行至今牟定天台地区已是炎炎夏日。一日，正在舌焦口燥之时，有人突

❶以天台命名的地方充满诗意

❷天台寺现在留存一座殿宇：三清阁

见地涌一股清澈泉水。士卒们不敢贸然饮用。但哑兵们想，反正已经哑了，就大着胆子喝了泉水。不想，到了宿营时却出现了奇迹：饮用泉水的哑兵们重新开口说话。消息在蜀军大营传开，哑兵们争相去饮用，很快这眼泉水就治愈了全军哑兵。因为贮满清澈泉水的石巢形状像一只羊，诸葛亮就将泉水命名为羊泉，命令军中工匠凿泉为井以贮存更多的泉水方便当地人，还就地取材立了一尊石羊作为纪念。

后来，这个地方也有叫羊泉的，也有叫石羊井的，无论叫泉叫井都是在持续地赞美那汪水好。

明清时代来牟定任职的文官或途经牟定的文人就踏着天台人挑水的足迹，拜谒石羊井，凭吊汉丞相诸葛亮，大发一番感慨并留下文墨。择其二首分享：

从蜀汉一直讲到今天的石羊井

羊井奇踪

教谕罗桂林

我闻秦祖龙，鞭石趋溟浦。

又闻李将军，射石没箭羽。

至顽孺石渺无知，时复能行时幻虎。

奇迹错出流人闲，诡异不独传于古。

茅阳山侧行径荒，山坳起伏聚群羊。

羊井奇踪

贡生朱灿和

平冈古井草萋萋，怪石奇形旧可稽。

还就地取材立了一尊石羊作为纪念

三百群中应错认，独倚松月卧沙堤。
谁将移伴紫泥津，可是初平叱化真。
清液不教临渴饮，象峰同纪万年春。

更晚一些时候，比如民国年间，夏天的夜晚，灿烂星空下，摇着扇子的爷爷奶奶给儿孙们说古今讲传说，天台的另外几个故事总是要说的。

黄豆变成的土人土马。天台往北的余丁有一片土林，传说英雄尹草扣要率众造反，因为时辰未到，撒黄豆变成的兵马跑到余丁便停留不动，化作土人土马立到今天。

诸葛亮故事。诸葛亮屯军天台光法寺，半夜思谋军情嫌青蛙聒噪，一挥羽扇喝令帐外青蛙退避两里。群蛙听令果然集体跳出两里外去了。至今每到夏夜，光法寺附近方圆两里内都没有青蛙鸣叫。

当然，石羊井的故事也肯定是要讲的。末了，老人们一定要加上这样几句：现在古井还在，井水仍然甘甜清冽。又告诫儿孙做豆腐就要用石羊井井水，做出的白豆腐嫩，用白豆腐捂出的霉豆腐咱们叫作“石羊霉豆腐”，风味别具，顺着古驿道销往县外。

牟定城乡都用起自来水以后，今天的石羊井冷清了些，偶尔有人在这里洗一手菜，洗一水衣服而已。披着星辰，踩着露水，脚跟脚踏亮这一条小路，把一挑挑石羊井水挑回家做豆腐，过生活过日子，那是农耕文明时代的情景。时代发展，社会变迁，挑水这样的生活行为已经淡出，只是那些方井、圆井，井台上的辘轳，像村庄的老者，依然守候和伴随村庄。

时至今日，牟定的众多腐乳注册商标都沾了天台或石羊井（羊泉）的光。点开网络百度“牟定腐乳”那些琳琅满目的“石羊井”“天台天和”“天台福泉”“天台人”“天台羊

偶尔有人在这里洗一手菜，洗一水衣服而已

泉”“天台”“天台阿哩啰”等等品牌，都密切联系着天台街或者这一泉水，即使远如“喜人家”“帽帽虹”“喜鹊窝”“鹊泉”“彝乡妹”等虽不在天台地界，却都是吃着化佛山的泉，都在一个水系里，用龙川河的水。

石羊井应该被牢记，应该被感恩。为它建一个井台，为它建一个穹隆井盖，为它建一间房屋，甚至为它建一个纪念馆都是不为过的。

石羊井附近、围绕天台街的村庄，周家、王家、食旧村，那些一家家年关节下，一担担四乡十里城乡群众订购的豆腐、霉豆腐，民国时期、包产到户，甚至现在，尽管现代机器化大生产，标准化年产腐乳数千吨背景下，依然坚持着的豆腐作坊，都还沾着这一口井的名气。这一口井，成就周边无数人的富裕梦想，在一个特定时期为天台街备下过第一桶金。

然而一口古井并不是牟定腐乳的全部秘密。从一颗黄豆开始到一块白豆腐再到毛茸茸的霉豆腐最后到油红腐乳，每一步都凝聚着牟定人巧妙利用食品转化规律的智慧。当然人巧不如天工，牟定腐乳特定地域独有的品质应该要归功于牟定特殊的山川地理。一方水土一方风物，这里的水、土、风、光等恰好满足了腐乳挑剔的生成条件。

若考察牟定山川地理，《民国牟定县地志》有载：县属地势，东有中峰、白马二山，南有会基山，北有高山顶、茅阳峰，皆极险峻。又载：县属之山，自姚安之万松山发源，至治北连山坡，结茅阳第一峰，为诸山之祖。牟定的山由此分为两个支脉：一支东行至高山顶，向东南盘，结五老峰、青龙诸山至大石门山止；又转东结中峰山，向北结白马山、大弯山等至戌街及元谋县止。一支西结化佛山，又向南至罗平关结会基山至柜子山止。

简而言之，牟定有两大山水系列：化佛山龙川河水系、

白马山勐岗河水系。查阅牟定县地形图亦可以窥知。

站在龙川河田野，举目四望，或远或近都是山，龙川河静静流淌，蕴藏无限传奇的牟定县城就安详地、年复一年地躺在这个群山包裹的襁褓里。

龙川河孕育了牟定坝子。这个高原坝子南北长 17 公里，东西 5 公里，呈宽带状，面积 80 平方公里，养育着 5 万余人口。四周白马山、化佛山、蕨菜山、高山顶东西南北四面拱卫，县城居坝子中部。

一方水土一方风物，这句简单的话里蕴含大智慧。中国古籍《晏子春秋》记载了橘逾淮为枳的寓言。晏子曰："婴闻之，橘生淮南则为橘，生于淮北则为枳，叶徒相似，其实味不同。所以然者何？水土异也。"这个寓言强调了水土对生长于其中的生物性状的决定作用。

用这个寓言揭示的道理来印证牟定腐乳的独特性最是贴切。20 世纪 90 年代，有人把牟定腐乳技术带到楚雄一家豆瓣厂加工，还高薪请了原厂做腐乳的师傅一并到楚雄进行技术指导。不想同样的技术、同样的师傅，甚至还运来品质最好的天台霉豆腐做原材，在两年时间里却没有一次做出过牟定口味的腐乳。

独一无二的牟定山水地理，创造出独一无二的牟定腐乳。

如今依然坚持着的豆腐作坊，都沾着这一口井的名气

或许，大自然中某种独特的微生物决定了牟定腐乳的不可复制。大自然博大精深，还有太多未知密码等待人类破解。

龙川河流域、化佛山水系成就了牟定腐乳，牟定味道就氤氲在美丽的牟定坝子，香飘七彩云南，香飘大江南北。

牟定的腐乳品牌，最早的注册商标，要上溯到 20 世纪 80 年代，叫作“经松牌”。何为经松？即晒经松也。晒经松何在？猫街白马山上。

白马山又名马踪迹山，是一座颇有故事的牟定名山。

白马山脚有一个明朝设置的军村，曰小屯。小屯不小，时至今日，该村已经千余人口，在牟定山区已属少有的大村子。为解决小屯及附近村子里孩子的教育问题，白马山上圆通寺曾经办过学堂。多年文化熏陶之后，一些本乡文化人就将白马山和《西游记》联系起来，用半附会半传奇的方式向外人夸耀家乡好。

于是发源于白马山的勐岗河就成了西游故事里的通天河；山坡上留存的大量第四纪冰川遗迹——或大或小马蹄印一般的臼形石坑就被传说成唐僧取经回来时白龙马所留，为马踪迹也。今人亦编撰出《孙悟空大闹白马山》故事，还画了百十页的连环画搭配这个故事。

传经寺，白马山中古刹。按照《民国牟定县地志》记载：县属寺观数十座，最著者曰传经寺，明崇祯十年（1637 年）建，地势雄伟，寺宇宽阔，为县之冠。

在白马山的传说故事中，因唐僧取经东归后，曾在此开坛说法传经

❶独一无二的牟定山水地理，创造出独一无二的牟定腐乳

❷牟定的众多腐乳

三日，故得名传经寺；又传说唐僧西天所取经书在通天河落水，师徒四人就在白马山山坡松树上晾晒，因故一坡松树千余株皆有了佛性，都做虔诚拜佛的盘地状，千百年来并不长高，故名之曰晒经松。

牟定腐乳第一个品牌“经松”即由此而来。

“经松”过后，牟定众多腐乳品牌都与一方山水相关联，有意无意？

无论是有意为之还是无心促成，这些从天台石羊井产自同一山体水系的腐乳，其品牌都镌刻了牟定山水风物的印痕，最终这些品牌聚成了一个共同的金字招牌：牟定腐乳。

有一些地方能被人记住很可能仅仅因为它的一两样小特产。

2008 年牟定县“彝人天堂”文化丛书出版发行，在《鼎食匠乡》一书中作家以一个外地人的身份用优美笔触这样记录牟定油腐乳：“……卤腐细软而柔滑，轻轻一夹就化开来，红红亮亮的油辣子底下，是金黄色的豆腐芯，细腻如脂，散发出催人食欲的香味，更是让几个饥肠辘辘的人迫不及待……第一个人吃下去就大呼好吃：‘哇！这是你妈腌的卤腐吗？太香了！我从来没吃过这么香的卤腐！’我也吃了一口，米饭的清甜，加上卤腐的鲜、香、辣，在那个天色稍晚、细雨蒙蒙的森林里，当真就是人间第一美味……我进家的第一件事就是问我妈那油卤腐是哪里来的，是不是她腌的。我妈说：‘那是牟定油腐乳，我可做不出那么好吃的东西来。’牟定油腐乳，从此在我心底留下了深刻的记忆。”

腐乳就是令牟定出名的特产，一定意义上说，腐乳代表了牟定，不止从舌尖美味的意义，也是从乡愁起点的意义。我们不得不承认一个事实：人有时候想一样东西其实想得更多的也许只是它的味道。

想故乡也如此，尤其是中国人想故乡。

母亲的味道，是亲情，是乡情

《晋书·张翰传》载：张翰，吴中人，在洛阳做官，“因见秋风起，乃思吴中菰菜、莼羹、鲈鱼脍，曰：‘人生贵得适志，何能羁宦数千里以要名爵乎！’遂命驾而归”。故事说明了故乡味道对一个人的牵引远远大于权禄名望之类的东西。

只是，天下有几个张翰，能够因念家乡几道菜而放弃高官厚禄毅然决然归去？

如今的人们，衣食住行消费、老人的医药费、子女的学费、世俗的攀比用度，生存成为首务。大市场挤压与吸附之下，生存空间狭小之地的人们不得不背井离乡。外乡若不利，离乡便思乡。在当代人流物流大潮中，乡愁是每一个外出谋生者绕不开的情结。

乡愁的起点从村庄开始，从家开始，乡愁的触点或许是一棵树、一条河、一句乡音，或是一道家乡的小吃。对于牟定人来说，腐乳是太多太多人的乡愁触点，在物质匮乏的较长时期，许多牟定人都有一个难以忘怀的独特食品记忆：小时候用一片绿菜叶包了一块母亲腌的腐乳，与小伙伴一起，用火柴棍挑着吃，慢慢挑起一点半点油红黄糯的美味之物，让鲜香在味蕾上悠缓起舞……多年以后，那一块童年时入口的腐乳成了家乡的永恒味道，那是母亲的味道，是亲情，是乡情。

牟定县人口不到 21 万，外出务工人口却近三分之一。一个牟定人去到离家几百公里、几千公里的外地，走在街上谁也不认识，真正感觉到人海茫茫举目无亲，直到某天偶然走进超市，无意看见了有牟定的腐乳摆在货架上，“牟定”二字与“腐乳”二字印在商标上都大，那一瞬就有一种亲切感油然而生。

有理由相信，身在外乡的牟定人都曾体会过这样的亲切感，那是乡愁的瞬间满足。

牟定人在异乡，远来的一瓶腐乳装满整个家乡，打开味道那一秒，人已然热泪盈眶。

莫将腐乳等闲尝

近年来食品工业兴起，包裹着历史、内置美食创造精神、凝聚风土灵气及牟定人特殊智慧的牟定腐乳在市场博弈中历遍磨难，最终靠真传统真品真味脱颖而出，成为能代表一省标准的最牟定的传奇乡村美食。

牟定腐乳开始走四方

腐乳是我国特有的发酵豆制品之一，北魏时期典籍上就有“干豆腐加盐成熟后为腐乳”的记载。在一千多年历史岁月中，各地腐乳千秋各异，都打上了深深的地方烙印。

腐乳在牟定民间的腌制历史很长，但究竟多长？都说很多代前的老祖宗才来牟定就开始做豆腐、霉豆腐、腌腐乳了。若追问很多代有几代，则牟定多数做豆腐的人皆不置确说。

这个是实情。贫困乡村少有文化人，也没有家谱修撰，家世渊源只靠口耳相传。走在牟定一些汉族村子，若问该村老祖宗哪里来的？多数人的回答千篇一律，都会说祖先来自南京应天府大坝柳树湾，这个地方几乎成了牟定汉族居民的共同祖地。

据资料载，柳树湾为兵营，系明朝移民实边军民的出发地。明朝开国，洪武十四年（1381 年）大将傅有德率步骑 30 万征云南，占曲靖，攻昆明，征大理，很快将云南纳入中央管辖范围。沐英治理云南后，大兴屯田，解决粮食问题。他上疏朱元璋：“云南地广，宜置屯田，可令军士开耕以备储蓄。”朱元璋大为赞许，遂下旨颁行。明朝廷自此在数十年内从中原等地移民百万实边。

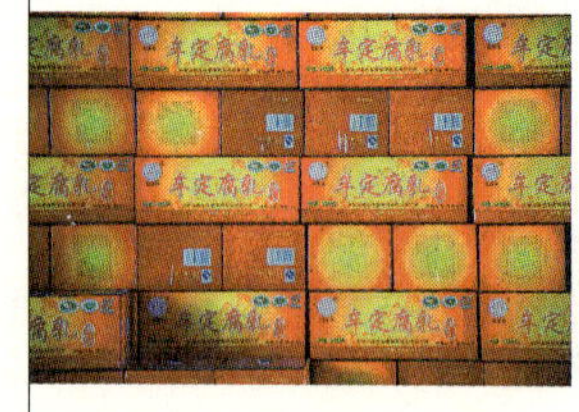

随着实边政策的大规模实施，先进的汉文化进入云南大地，牟定汉化同步开始。按照牟定古志书所载，军屯、火烧屯、小屯等等众多以屯为名的村落基本上都与明清时期的军屯民屯相关。今天，我们可以想象，那些有牛耕技术，使用火药火枪，历经战阵锻炼的汉人来了，土著居民不敌，只能重新逐水而居，退避山地开辟家园，平田平坝拱手相让。

豆腐何时传入牟定，无据可考。一般的说法认为，在明朝中后期，与中原文化通过移民和戍边军队的传播，豆腐制作工艺传入牟定。

据这些推理，关于牟定人做豆腐腌腐乳的传说，经牟定本土作家创作并由云南人民出版社出版了一本连环画故事集，名叫《一块豆腐》。

故事讲述了牟定腐乳的前世今生：明朝初年，王姓一家人逃难来到牟定，在现在的天台街安家。几年后，这家人的儿子王盛放羊时，认识了唐家村牧羊女唐丫。两个青年男女在牧羊日子中互生爱慕之情。从姑娘口里，王盛听到诸葛亮与石羊井的故事。在一次寻羊时，王盛意外发现那口井，井水甘甜清冽，王盛激动不已，因为他找到了做豆腐最好的水。原来，他祖上曾是朝廷重臣，皇帝朱元璋火烧功臣楼后，他家仓皇逃出，辗转来到云南。王盛还告诉唐丫，自家祖籍是安徽寿县，就是那个发明豆腐的地方，母亲也会做豆腐。婚后，夫妇二人就在婆婆帮助下做豆腐为生。羊泉好水果真做出了好豆腐。王

《一块豆腐》封面

家豆腐生意兴隆。后来王家又开始腌制各种腐乳。随着朝廷的移民实边，大量汉人涌入，王家豆腐及腐乳技术就在天台周边广泛传播开来。

传说归传说。一个不争的事实是牟定腐乳技艺起于民间。

如今四五十岁年纪的人多有这样的记忆：小时候吃奶奶和妈妈腌的酸咸，长大了，同样在吃姐姐或者嫂子腌的酸咸。酸咸的味道和家乡山水记忆一样深深。

牟定乡间酸咸种类很多，难以悉数列出，通常的有这么几类：腌菜、豆豉和腐乳。在几种酸咸中，腌菜叶豆叶或者腌制豆类，论成本和工艺又似乎赶不上腐乳。共和镇牟尼村委会中黄村至今还流传着一个典故。说 20 世纪 50 年代村里一位老大妈因为政府分了田

地给她，内心感激，就随口说出“腌缸水豆豉，送给蒋介石；腌缸腌豆腐，送给人民政府”的顺口溜。为什么这样说呢？一是水豆豉成本低，腌制工艺也赶不上腐乳复杂，再就是味道也远远不及。

牟定腐乳什么时候走上柜台出售，现在已难以说清。中华人民共和国成立前，县城老东街有出售酱菜的商铺，有老人记得那些商铺偶尔也售卖腐乳。

一排头尾细瘦肚腹肥大的瓦罐，盛放豆豉、豆酱和腐乳，通常用一个缠了红白布头的草塞子盖住缸口，论斤两售卖。

1953 年，牟定县商业局下辖的贸易公司在东街口成立了一个小型的食品加工厂，专业做酱菜。一开初做的品种不多，只有腌菜、萝卜条、豆豉、豆瓣、泡椒、腐乳等几种，远不如民间丰富。民间有不少地方特色的腌制食品，比如腌蚕豆叶、腌辣芭蕉、腌野生菌等，大约是因为口味比较小众，食品加工厂不屑去做。1956 年，食品加工厂从东街口迁到北门外，厂区面积扩大，开始腌制腐乳。食品厂有自己的门市部，全部产品自产自销。

❶菜叶腐乳、盐水腐乳、油腐乳就这样腌制出来

❷牟定腐乳技艺起于民间

现在上了岁数的牟定城乡群众还珍藏着计划经济年代的食品记忆。灰扑扑的村口或者村间空地，栽秧割谷季节就在田间地头，一辆手推车，两三个穿着白色工作服的人提着杆秤来了，饮食服务公司的人卖米线，食品厂的人卖腐乳卖酸咸。那些红彤彤、黄生生的腐乳让见者垂涎，一些老人还能回忆起当时油腐乳 2 角 8 分钱 1 斤。

最难以说清的是油腐乳，究竟是食品工业传承了民间工艺还是企业配方不胫而走流传民间？ 1964 年是一个标志性年份。在计划经济时代，当年有一个有趣的现象：酒比油贵。酒是供应物资，要凭票，香油则敞开卖，于是有人提议生产油腐乳。是年，牟定县食品厂生产油腐乳 5 吨。“旧时王谢堂前燕，飞入寻常百姓家。”1964 年之后，特别是农村经济体制改革以后，油腐乳普遍走上民间餐桌。

肚腹肥大的瓦罐，盛放豆豉、豆酱和腐乳

牟定腐乳咸淡适中、鲜甜醇香、质地细腻、色泽美观，从 20 世纪开始，它从牟定烙印的众多食品中凸显，成为最具

牟定特色的食品。

牟定腐乳始出名。

食品加工厂之后，顺应时代需求，专业生产腐乳的私营企业应时应势诞生：第一家天台食品厂、第二家牟定腐乳厂、第三家羊泉生物科技公司……

❶ 食品厂有自己的门市部，全部产品自产自销

❷ 饮食服务公司的人卖米线，食品厂的人卖腐乳

牟定腐乳厂如雨后春笋一家一家出现，伴随着市场大潮前进，牟定腐乳不单单只是吸收和继承民间传统那么简单，革新已经不仅仅局限于一块吃的腐乳，还涉及了方方面面，广告、

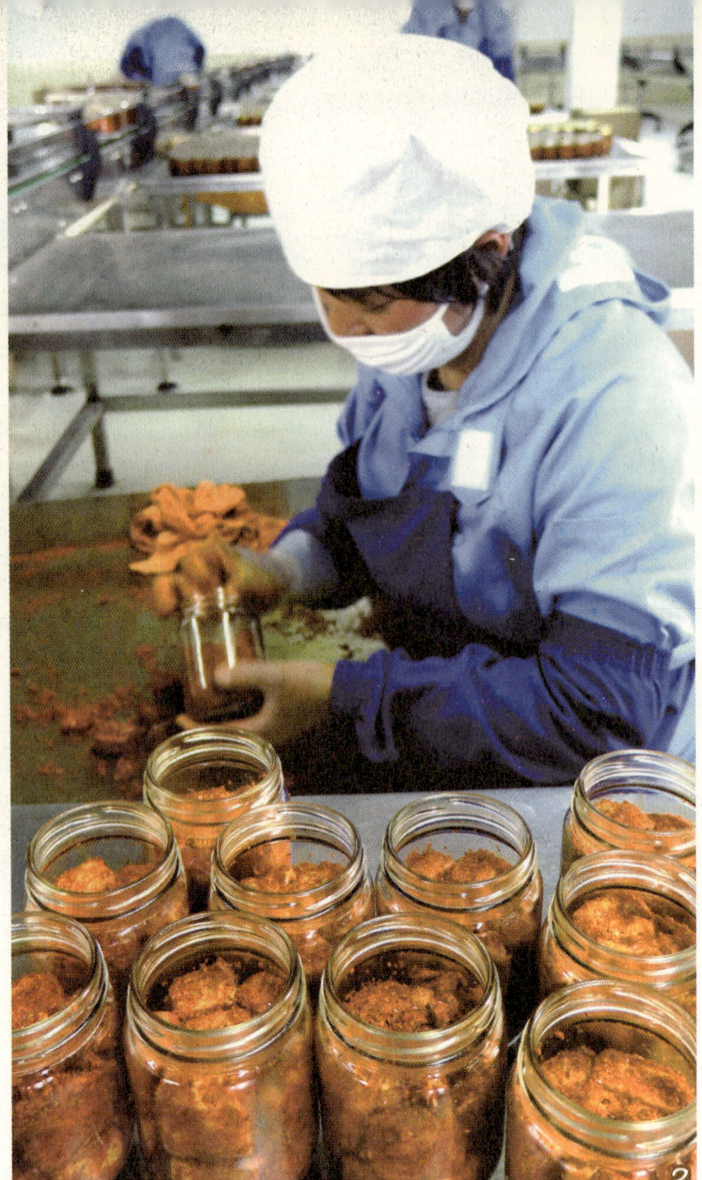

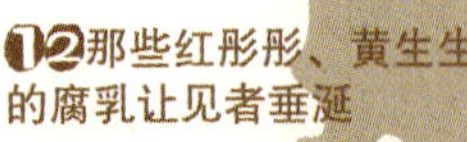

①②那些红彤彤、黄生生的腐乳让见者垂涎

③专业生产腐乳的私营企业应时应势诞生

现代市场营销与广告密切联系

技术、品种、质量、管理等等。

网络时代广告的效用将越发突出，牟定腐乳企业深谙此道，颇有些不俗的行动。“2016 年度中国腐乳十大品牌评选”是由品牌排行网主办的全国范围最广、规模最大的品牌综合实力排名评选活动。此次评选，征集数十万网友投票、点评，经过多轮审核精选出行业品质出众、人气最旺的十大品牌。牟定腐乳一个品牌在“2016 年度中国腐乳十大品牌评选”活动中荣膺全国第四名。

网络广告之外，牟定众多腐乳企业也把心思放在包装上——“在一堆腐乳中，你没有选中我的产品，肯定是我的错。为什么？我的产品不能夺你的眼球，你自然看不上眼。”

“牟定腐乳”成功申报为国家地理标志保护产品

“如果你第二次也不选择我，也是我的错。为什么？我的产品不如你的意或者我的销售网络有问题。”

现代社会，商海角逐，在包装上花心思，谁又敢断言不是商场一诀，吸引眼球有吸引的功效，返璞归真有返璞的受众。

“若要口味好，牟定腐乳不可少。”也是一句简单却流传甚广的广告词。

现代市场营销与广告密切联系，广告词、看了多少人、有多少人相信，它们之间的关系，似乎可以这样表述：广告词很重要，但是不在乎有多少人看到了，关键是有多少人相信了。卖产品是最终目标。

消费者买商品买的是质量是放心。食品自身品质，食品安全已经当仁不让成为不二首选。正因为品质保证，牟定腐乳获得了农业部绿色无公害食品认证。

视品质为要害，众多牟定腐乳企业对腐乳品质的追求有一种自觉的苛刻。这其中，食品安全人命关天，国家对食品行业的严格管制是一个原因。另一个更重要的原因是它们对“牟定腐乳”品牌的共同维护之心。

2014 年牟定腐乳双喜临门，获得两个国家级认证：4 月，经国家工商总局商标局批准，“牟定腐乳”成功注册为地理标志证明商标。8 月，经国家质检总局审查，“牟定腐乳”成功申报为国家地理标志保护产品。

这两个国家级的认证肯定了牟定腐乳企业长期维护品牌质量的努力，也更加激发了众多牟定腐乳企业百尺竿头更进一步的决心。

2016 年，牟定腐乳着实辉煌了一回。

豆腐一年四季做。但传统工艺里，冬春季节的 10 月到次年 4 月才能做霉豆腐。牟定民间腌制一般选择在冬腊月天气晴好的日子。

革新已经不仅仅局限于一块吃的腐乳

亘古以来，还没有人能在烈日炎炎的酷暑夏天腌制腐乳。

就在 2016 年，牟定腐乳企业攻克了这个技术难题！

攻克的难点一是温度，霉制豆腐要有适宜的温度，温度低或者高了都影响黄曲霉菌的培养；二是水，气温高，水里的细菌增多，而有的细菌抑制有益菌种繁殖。

过去霉制豆腐使用稻草，稻草是菌种携带者。使用木质霉制架，长方形，以篾片做底，再铺上浸泡过酸浆的稻草，铺上豆腐就可以霉制。晾晒过的稻草在酸浆水里过水，实际上就是种菌。现在把培养好的黄曲霉菌，直接接种在豆腐上。过去霉制，因菌种不均匀或者携带有毒菌，毛不齐整甚至出现绿色或红色斑块，现在霉制车间里，白绒绒的毛完全覆盖表层，整整

过去霉制豆腐使用稻草和木质霉制架

齐齐，看不见一点豆腐的样子。

每一个行业都有自己的秘密，只不过鲜为人知。

而牟定腐乳实现全年生产腐乳达到一定量级目标，既是一项技术革新，也是一次跨世纪的圆梦行动。它既是经济的，也是政治的。

1986 年，时任云南省委书记普朝柱到牟定视察工作，在县招待所吃饭时吃到油腐乳，连声称赞说好，当场就询问相关情况。第二天，喜讯传出：根据普朝柱书记指示，省州县配套扶持牟定县食品厂 25 万元资金扩大生产规模，产量目标定位 500 吨。企业在新南路征地 11.5 亩，建设了生产车间和地下室（计划于 5 月到 9 月期间生产）。

第二年，油腐乳产量达到建厂以来 170 吨的最高产量。但在随后的几年时间里，随着经济体制改革的深入，特别是粮油统购统销制度的结束，计划供应指标取消，按照市场价格采购原料，企业突然间面临流动资金不足难题，20 世纪 90 年代以后产量逐年锐减，2002 年完全停产。在此期间，两次在地下室试生产夏季腐乳都以失败告终。全年生产目标搁浅。

2002 年以后任何一年，牟定腐乳厂只要实现全年生产腐乳目标超过 90 年代，都意味着需要或者说实现一次对传统腐乳的颠覆。

传统工艺做霉豆腐，少则八九天，多了要十多天。现在从黄豆到霉豆腐，只需要五天。除了水和空气，其他的都变了。霉制架用塑料网片做底，豆腐压好切好，倒在调好菌种的水

尝试过在院心里架钢屋、架塑料大棚等办法

里直接接种，然后装框霉制。

静静地等待 4 天，这几天里只需要控温就可以了。

不需要稻草铺垫，不需要每天翻豆腐，不需要晾晒，直接加料配方装瓶熟化。

这一块夏天的霉豆腐彻底颠覆了千年传统。

这其中仅晾晒一个环节，牟定腐乳企业就想了数种办法。

先前农村人家腌腐乳时，霉豆腐都是摆在簸箕里晒，追腥的苍蝇嗡嗡嗡，赶走又来着实令人生厌。

早年一些牟定腐乳企业先是做一个罩子。一个长方形木框，用软铁撑出一个穹隆形然后覆盖尼龙纱。岂料还是不断有苍蝇钻进去。

后来还尝试过在院心里架钢屋、架塑料大棚等办法。

如今晾晒这个环节的难题已经有效解决。多数腐乳厂把晾晒车间搬上楼顶，钢屋架钢化玻璃，全密闭。人走到上面，有多重门“过滤”，哪怕一只苍蝇即使停在人身上也绝无带进去的可能。隔离了苍蝇，整个晾晒车间都是干净的阳光。

牟定腐乳的品种也有一个鲜明的变化发展史，这个过程很自然地汇聚了牟定人的聪明智慧。早年牟定人腌腐乳有一个瓶颈问题：出缸时鲜润橙红的腐乳，在空气中放置久了，颜色变深变黑，不受卖。人们先采用密封和遮盖的办法，但是都不理

想。后来用酒浸泡，用盐水浸泡，或用菜叶包裹，诸多尝试之后，在素腐乳之外发明了盐水腐乳、酒腐乳和菜叶腐乳。盐水腐乳用盐水浸泡，有汤汁；酒腐乳，酒的比例较重，有酒的冲劲和辣味，适合相应人群口味；菜叶腐乳，菜叶层层包裹的腐乳，鲜香之外还添了一股独特的腌菜味道。

最终，受牟定中屯地区彝族群众用香油浸泡猪肉保鲜的方法启示，油腐乳得以问世。

菜籽油也俗称香油，它有隔绝空气的作用，保鲜效果明显，中屯彝族群众用熟香油保鲜猪肉，经年不腊哈。这个经验对油腐乳的创制有直接的

把晾晒车间搬上楼顶，钢屋架钢化玻璃，全密闭

促成作用。一些牟定人将素腐乳配方在腌制中加上一道工序，即在腐乳中加进制熟的香油，成功腌制出油腐乳。

随着生产腐乳工艺的提高，大宗生产素腐乳、油腐乳之外，牟定腐乳加工企业又开发出鸡纵腐乳、香菇腐乳、姜片腐乳、方便腐乳等，如今这几个系列有上百品种规格的腐乳产品投入市场。

市场有自己的规律，只要是规律都有它残酷的地方。在市场中博弈，或许这样一句话也是真理——英雄不问出处，产品有市场才是硬道理。群雄逐鹿，谁肯拜下风，都将粉墨一场，呛啷啷一声板响，生旦净末丑，各显神通本事。

经过艰难的初创期，顺应市场经济发展需要，牟定腐乳企业顺势而谋，乘势而上，探索出了诸多积极应对措施：忙碌于市场开发。玩订单销售，玩货到付款，玩自产自销，有人卖有人买即为有市场。开发线下线上各种市场。直到上市。

2016 年，云南牟定羊泉生物科技成为全国唯一一家腐乳专业生产企业上市公司，它的上市采用了“新三板”模式。

百度“羊泉”或“羊泉生物”，羊泉公司网站、羊泉生物股票行情——新三板在线、羊泉生物开张半年吃一年——网易财经等众多条目出现。如果点开相关条目，该公司相关信息，包括公司高管、公司董事、股东、产品、利润等各种信息都可以查阅。

❶ 数十家店铺门面，一溜展示牟定腐乳

❷ 油腐乳，是牟定最土特产品，正在驰名云南，正在蜚声全国

若百度“牟定腐乳”，则可以搜索到上万张琳琅满目的图片，腐乳产品色彩鲜艳，油润橘黄，真正秀色可餐。

牟定腐乳多少家，上网一搜：18 家。

牟定腐乳产量几何，网上说 6000 吨。

牟定腐乳味道好不好，上天猫、上淘宝，自己看评价。

牟定腐乳已经建立了网上商城。

网上商城之外，政府还引导腐乳企业在牟定县城彝和园建设成了牟定腐乳一条街。

彝和园东门紧邻元双路，出门左侧，腐乳一条街数十店铺门面，一溜展示牟定腐乳。

“牟定腐乳”麾下，十八家腐乳企业各色品牌各种规格，像一次规模空前的沙场点兵——一声号令，十八路纵队剑指四面八方，各展手段市场逐鹿。

油腐乳，牟定最土特产品，正在驰名云南，正在蜚声全国。

牟定腐乳已经建立了网上商城

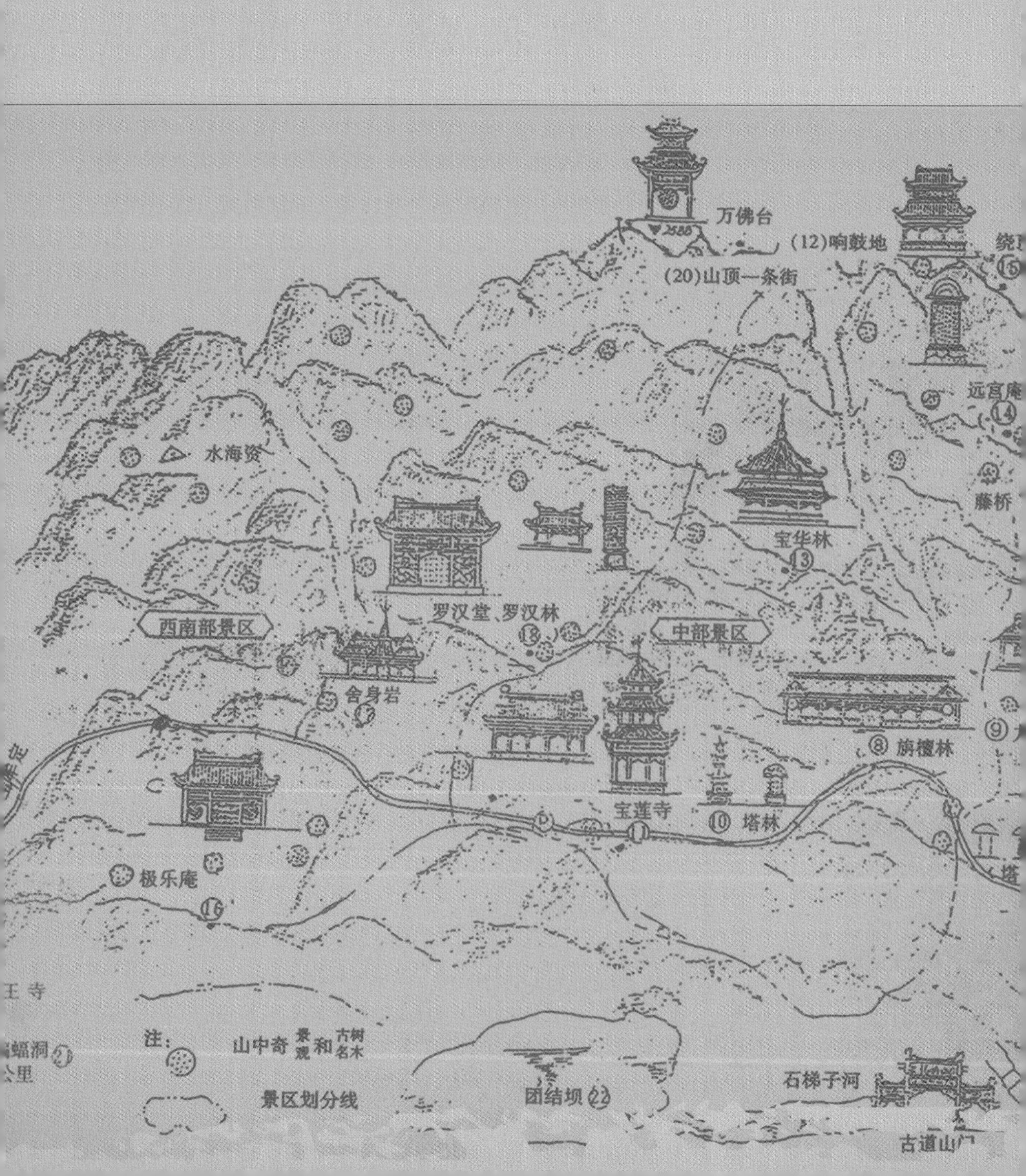

万佛台
(12)响鼓地
(20)山顶一条街
远宫庵
14
15
水海资
藤桥
宝华林
13
罗汉堂、罗汉林
18
西南部景区
中部景区
舍身岩
17
旃檀林
8
9
宝莲寺
11
10 塔林
极乐庵
16
王寺
蝙蝠洞 21
公里
注：
山中奇景观和古树名木
景区划分线
团结坝 22
石梯子河
古道山门

第三章 万载修来化佛缘

牟定化佛山，有名树、名花、名泉、名寺，古木森森，史迹累累，人文浩浩。但在云南的众多名山中，起初它并不引人注目，直到天假其缘，明末清初出了高僧无住，化佛山才不再籍籍无名。无住二十八岁出家，师承彻庸禅师习禅修心，同时临池习书，又多向当世文化名流讨教诗词，最后达到了较高的佛学境界，成为一代诗书皆能的佛学高僧。化佛山是无住初修之地，是他伟大人生的起点，人因山而灵，山因人而名，化佛山孕育了无住的无量功德，无住成为化佛山的万古灵魂。

般若婆罗胜鸡山

文化楚雄 THE CULTURAL ASPECTS OF CHUXIONG

天下名山何其多？单是云南，恐怕也难以统计。而且，还有数不清的山不断被发现，不断被推介后以新的姿态出现、吸引着人们的目光。滇中化佛山林幽、树古、山奇、寺多，极具人文底蕴，大有可观。更可贵的是，自明代晚期至民国，化佛山都是云南重要的佛教圣地，被称为“滇中小鸡足”，若从曾经的佛教影响来看，称其胜过鸡足山，也不算谬赞。

化佛山位于牟定县城西郊十余里，其山名几经变化，最早称“赤石味山”（《景泰云南图经志书》），这个名字应为彝语音译词，时代久远，已难知其准确含义。又因它前拥牟定，背靠姚安，山形像一道绿玉屏障围绕着牟定城，所以也曾名叫“玉屏山”。后来姚安地界出过一个叫自久的彝族英雄反抗残暴官吏，他的部下曾退到化佛山筑战寨打过仗，遂把山改名“自久寨”，叫过一段时间。直到明末清初，在无住佛名大盛之后，山上逐年有高僧大德来驻锡建佛寺开禅林，山名最终才定为“化佛山”。

从明代万历年间至改革开放400余载，化佛山经历了从佛教兴盛到衰落的过程。消去了钟鸣鼓磬，荒芜了寺宇莲花，山上最后一位住持能慧法师，也于1989年圆寂。

化佛山的烟云往事，似乎就真的烟消云散了。

能慧去了，竟然没能保住一座寺宇，留下一个徒弟，似乎难以承担“能慧”的名号。但覆巢之下，岂有完卵？历史的潮流，又有谁挡它得住？

能慧，法号了悟，化佛山心佛林寺住持，临济宗禅师，兼习静

土宗。民国期间兵连祸结，民不聊生，化佛山香火惨淡，信客寥寥。他立志精进，曾赴昆明西山华亭寺投虚云大师座下，持具足戒。新中国成立后因“极左”政策原因，化佛山佛教徒作鸟兽散，能慧几上化佛山均被驱赶，被迫还俗娶妻生子。终于等到国家整体形势好转那几年，他又上了化佛山重点佛灯，以图东山再起，同时兼做护林员看守着那一堆废墟，一山老树。终至老迈难以维持生计，只得回家靠儿孙抚养。能慧一波三折的佛教人生让人啼笑皆非，亦让人欲说还休。

能慧去世了，去世了便了了，可他圆寂前又强命子女将他葬回化佛山。子女遂其心愿，于心佛林寺前塑塔葬了，其寿塔名曰“慧光塔”。能慧可谓咬定佛山不放松！他在执着什么？也许他在佛国逍遥多年也没有想到，他的故事还会被人拿来作为故事传扬吧？

化佛山前拥牟定，背靠姚安

慧光塔上镌刻着一首诗，为民国牟定邑南贡生王汝湘所作。诗曰：

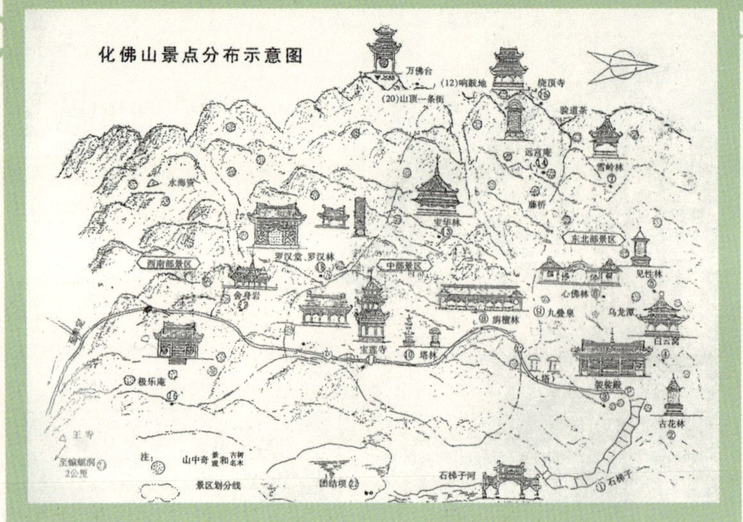

白云绕顶远功庵，古花宝华雪岭前。
见性心佛朝迦叶，自在罗汉座宝莲。
旃檀瀑布溢斗箐，般若婆罗胜鸡山。
万佛尽在极乐国，心香一炷达九天。

这首诗记录了明代万历五年（1577年）至清乾隆十二年（1747年）170年间化佛山所建的主要寺院，十分难得。寺院一共十三座，依次为：白云窝寺、绕顶寺、远功庵、古花林、宝华林、见性林、心佛林、迦叶殿、自在林、罗汉林、宝莲寺、旃檀林、万佛台（今讹名望佛台）。正是这首诗，给化佛古寺庙群理出了一条线，让后人顺线索能找到凭吊的废墟，让感时伤世之情有了宣泄之所。

庆丰湖坐落于化佛山东面，是化佛山旅游集散中心，它是牟定城西的一颗明珠，碧波荡漾，水光粼粼。据说它和牟定民间神人尹草扣有关。

分左中右三条线路通往化佛山各方向不同景区

尹草扣劫富济贫，乐善好施，力大无穷，他曾经摄来牛的魂魄，驮了九百九十九块石头，砌成石云梯。修完石云梯当日，尹草扣回家路过庆丰湖时，烈日晒得路边的粮食没精打采的，苞谷枯了，黄土乱飞。可是，尹草扣却听到箐底哗哗的水声。那些水是从化佛山流下来的。他一下明白了，原来水在低处，庆丰的田地在高

❶让后人顺线索能找到凭吊的废墟

❷于心佛林寺前塑塔葬了，能慧寿塔名曰“慧光塔”

处，老百姓只能望水兴叹。要是有座坝多好！于是，他施展法术，到韶头山驱来巨石，一晚上就造成了一座坝。新中国成立后，政府又组织修坝，才形成了今天的庆丰湖水利景观。

任何神力都离不开人民的艰苦奋斗。这神力，不就是人民之力吗？今天，庆丰湖将再展鸿图，它将成为大美牟定王冠上的明珠。

从庆丰湖往上的化佛山脚，有一个小坝，波光倒影，清澈见底，整个化佛山都能映在里面，它的名字叫“孔雀坝”。

小坝附近有两个村子，村里有两个小孩是好朋友，放牛常到坝边，让水牛在水里洗澡。这天，两小孩又把水牛赶到坝里，水牛在欢快地戏水。这时，两小孩看到化佛山上飞下来一群金凤凰，也在坝里戏水，它们时而潜到水里，时而浮出水面唱歌，可美丽了。又有一只金凤凰，飞落到水牛背上，跳起了舞蹈。两个小孩回到家里，把金凤凰的事说给了村里人。两村人都想

它是化佛山的镇山之树

得到金凤凰，争执不下。最后，每村推举了一个最好的猎手，来打金凤凰。两村人要较量一下，看看谁的猎手更厉害。两个猎人守了三天三夜，也没有见到金凤凰。只好让两个小孩赶着水牛来引，到第四天，果然来了一只金凤凰。猎人伏在水边，等金凤凰飞到水牛背上，就放箭射击。金凤凰被打落水里。两个猎人跳下水去抢金凤凰，在水里又骂又吵，都说是自己打到的。他两人越吵越骂离岸越远，可怜金凤凰没有抢到，人却双双淹死在坝里。

两村人听说猎手死了，相互抱怨，大打出手，伤了很多人。当人们把死人捞起来放在坝边时，只听一声尖叫，坝中有股水柱冲天而起，金凤凰也随之飞出，冲天而去。从这以后，水坝里再没有金凤凰了，水也变浑浊了。

到了 20 世纪 70 年代末，水坝淤塞严重，政府拨款重修。鉴于过去的伤心事，事情皆因“不团结”而起，就把这水坝起

只有这无欲无求的自然之树，才是生命真正的主人

❶樗树王身后就是宝莲寺

❷自在罗汉座宝莲

名叫“团结坝”。从这以后，水又变得清澈了。所以，团结，可以创造无穷的力量，改变世界。

再往上走，有一个神奇的洞，叫“蝙蝠洞”，里面住着神仙。人们办事时，碗碟不够用，就到这个洞里去借，用了再还回去。

洞口有一张石桌子，只要把祭品放在桌上，跪下闭上眼睛祷告，一会儿桌上就有精美的瓷器供人取用了。如果有借无还，就再也借不到了，先借来的也会不翼而飞。牟定城内的大土司张孝义是个出名的财迷加小气鬼。他整天盘算着怎样得到那漂亮的瓷器，做着不劳而获的美梦。终于，他想出了主意。自己的六十大寿快到了，他想借这个机会去借瓷器，然后就不还了。他对李大管家说：

1

2

“你去仙洞里借瓷器，要晚上去，不要让人看到。”他六十大寿的日子很快到了，张土司家请了几十桌客，只要认识的都请了，连县令也请了。吃饭时，县令问：“张大财主，你这么多漂亮瓷器是哪里买的？我见都没见过。”张孝义回答说：“是去几百里外的临安府买的。”县令说：“这么多你也用不完，吃完饭送我点做个纪念吧。”张土司爽快地答应了，说：“我改天送到府上。”

过了几天，张土司装了两挑上好瓷器要给县令送去。路上，挑夫说：“挑子怎么轻了？”张土司忙让放下，打开挑子看。不想“呼”地飞出了许多黑蝙蝠，再看挑篮里，什么也没有了。张土司气坏了，赶紧回家，家人说：“瓷器全没有了，都变成蝙蝠飞走了。”张土司对李大管家说：“这可怎么办呀？”管家说：“上次是我去借，这次你去借，白天去，仙人不认识你。”

张土司依计而行，去到洞口，突然飞出了成千上万只蝙蝠。他跪下祷告，却没有借到瓷器。从这以后，洞里再也借不到瓷器了，仙人走了，只有无数的蝙蝠，飞进飞出。

自化佛山山脚拾级而上，是石云梯999级台阶，走完台阶，就到了迦叶殿。999是佛家大数，象征了修佛之路的艰辛漫长。迦叶殿是为供奉禅宗始祖摩诃迦叶尊者，由无住的关门弟子普睿禅师于乾隆年间建造的。后来名称几次变动，有袈裟殿、归元寺等不同称呼，如今叫华圣寺。

由迦叶殿开始，分左、中、右三条线路通往化佛山各方向不同景区。从右面往上是东北部景区，行走不远就是白云窝寺原址。白云窝是无住结庐初修之地，后来无住募缘在此建造白云窝寺，它是化佛山风水宝地的核心。再往上曾是见性林和心佛林，这两座庙宇几乎是并行的，现在只眼见林海茫茫，耳闻涛声阵阵。再上过远功庵后就能见著名的化佛一宝——无住验道茶花。花树不远处的一块平地是宝华林遗址，游客游西南部

景区和东北部景区的两条线路在这里汇合。过宝华林再上行就是绕顶寺，往西南行是华山松林、响鼓地、望佛台。

若从迦叶殿往南走则为化佛山中部景区，起点是九叠泉和旃檀林，往上走可见千年藤王，经宝华林、远功庵以后与东北部景区路线汇合。

西南部景区的起点是宝莲寺。宝莲寺前的栲树王，人们又称它为“栲树爷”，它是化佛山的镇山之树。树龄超过一千年，树径超过 2.65 米，树高超过 30 米，根部四五个大人手拉手也难合围。最奇怪的是它根部往上分成两株分别生长，均枝繁叶茂，许多人认为它象征了一对夫妻情投意合、志同道合的人生，所以也称其为“夫妻树”。传说这是一棵神树。早年有个老人曾来宝莲寺问长寿之法，他天不亮就出门，快到宝莲寺时突然“呼”的一声，眼前凭空多了一棵大树，拦住了他的去路。老人以为来得太早，佛还没有醒来，就放下背负的香烛和荞粑粑放在树根处，靠着树打起瞌睡来。迷迷糊糊中，老人觉得有人给自己挠痒痒，还说供品收到了，你会长寿的，说完传来“哈哈哈”的大笑声。老人被笑声惊醒，天已经

一个洗涤灵魂的地方

白绫悬在巨石旁

亮了。他忙起身，却不见了香烛和荞粑粑，他惊诧不已，忙跑进宝莲寺向方丈求教。方丈呵呵笑道："你要的东西，已经得到了，施主请回吧。"老人莫名其妙，方丈指了指寺前的那棵参天栲树，又指了指老人的胡子。老人前思后想，终于明白了，忙向方丈作揖致谢，满意而回。

老人见到的正是栲树王。如今它的根部经常系满许愿的红布带，远近游客有祈求长寿的，有祈求功名的，有祈求美好爱情的，它寄托了人们的美好愿景，希望生命之树常青，盼望人生志得意满，爱情甜美。几乎每个上化佛山的人，都会在树前驻足，或磕头行礼，或仰头眺望，或低头深思。人生短促，只有这无欲无求的自然之树，才是生命真正的主人？它守卫了化佛灵山，见证了百代苍茫；它守卫了牟定坝子，吟诵着物阜年丰；它庇佑了乡邑桑梓，咏叹着生生不息。人们踯躅树下，徜徉寺中，惊神树之苍郁、叹人生之匆匆，静而思之，有何得哉？

栲树王身后就是宝莲寺。该寺由霞光老衲于清康熙三年（1664 年）创建，寺院四周森林茂密，古藤如虬，老树参天。现在重建后的寺院气宇轩昂，辉煌灿烂。相传容光禅师曾在这里做住持。

那么，容光禅师是谁呢？

在祥云县水目山“五祖坟”院内，保存着一块完整的“真如沙门”碑，系林则徐于 1848 年亲笔题写。道光二十七年（1847 年）三月，清廷命林则徐为云贵总督，次年林则徐专程上水目山拜访容光禅师。可他却不知道，容光禅师已去世两年了。林则徐上山那天正碰上僧众商议为容光禅师立碑，众人就请求他题字。林则徐欣然命笔，题写了“真如沙门”四个大字。这四个字既是对容光禅师的评价，也是对高僧辈出的水目山的高度赞誉。无住的徒弟非相禅师是水目七祖，而容光禅师正是非相得意弟子，故此容光是无住的徒孙。他俗姓尹，十九岁来到牟定隐居读书，人称尹公子。不久机缘巧合，他和一位姑娘定下婚约。后来，他进京考试，高中进士。当他高高兴兴回牟定时，心爱的姑娘却死了。原来，尹公子走后，姑娘被富家逼婚，在万般无奈之下愤然出家宝莲寺。可富家还是死死相逼，姑娘为保名节，跳进寺中的莲花池自杀了。尹公子知道后，看破红尘，也出家宝莲寺，法名祖真，号容光。他一介书生无以复仇，唯有青灯古佛旁孑然一身，去厮守着那一池莲花。后来他创了独立门派“山谷禅”，终成一代高僧。

宝莲寺后面偏西处是罗汉林，又名千佛寺。一片密不透风的茫林间，有两株数人合抱的古柏树，拥挤在稠密耸天的树林中，其中一株已枯死，那是千佛寺山门曾经的位置。驻足两树之间，你会为活者那宏大气派所折服，为枯者如今的落寞而叹惋。穿过这一死一活两株古柏树，就来到千佛寺。其遗址方圆约一里，断墙废砖望野散布。想当年，它该是熙熙攘攘、佛声鼎沸才对！

宝莲寺左后侧是舍身崖。小心翼翼行在舍身崖前，爬上那株分叉的老栗树，向下面探头，并不感觉十分惊险。这个崖相传为姚安自久起义军战败后集体跳崖的殉难地，但现在看去，却没有让人舍生取义的凛然之态了。沧海桑田，历经几百年风云，它失去了巍然高峻的尊严，只留得苍松翠柏、野刺荆莽。自然尚且如此，况于人事乎？

九叠泉位于化佛山的中部，是化佛山自然景观的核心，一个洗涤灵魂的地方。现在见到的九叠泉，失去了过去九叠一泻而下的奔腾姿态，变得淙淙铃铃、轻歌曼舞。清代定远县令张彦绅有《题九叠泉诗》，其中有 “水流激雪下山隅”的句子，说明那时水流量是很大的，水花四溅，奔泻而下。该诗颈联“银河高泻林边影，素练常垂石畔图”，描绘了瀑布的姿态，水珠漫天像银河挂在林边，水雾升腾像白绫悬在巨石旁。

全诗意境热烈灵动，挥洒开阖、意趣盎然。也许诗人的官场仕途经营得不错，正是“春风得意马蹄疾，一日看尽长安花”之时，他并不满足一个小小知县，所以全诗用“定归大海作波涛”做结。定远，只是人生起点，必须永远向更高处攀登。“春色更在千山外”，这才是一个入世的儒学官员的无尽远方，他不会在此“清凉台”徘徊犹豫、驻足许久的。

左福右寿，人之上境也，此天所赐之

在九叠泉下面的池水中，有一块半圆形石，从中裂开为二，石上的题字是左“福”右“寿”，名唤“福寿石”，传说它和一位皇帝有关系。

且说建文皇帝朱允炆，是明朝的第二个皇帝。朱棣叛乱时，他逃出了皇宫，先在泉州开元寺躲着，后来看看形势不妙，又一路南来。先跑到大理，但大理是繁华之地不易藏身，得找一个偏僻清静之地才好，后来几经辗转他到了化佛山。

朱允炆四方奔逃时着和尚装束，法名“碧云”，法号“过峰”。他在化佛山的日子有多久？不知道。据传牟定城区牟尼村黄福林老人和他有过来往，有过一段友谊。一日黄福林和朱允炆又来到九叠泉边说禅。坐定，朱允炆道：“黄施主，你觉得人生最得意的状态是什么？”黄福林想了想，说道：“衣食无忧，儿孙满堂。”黄福林问：“那么你呢？”朱允炆答道：“国家

听松涛，观池韵，流连忘返之地

安定，人民幸福。”黄福林道：“我们两人，差距很大呀。”朱允炆笑道：“这就是所谓居庙堂和处江湖的不同吧。你的想法也很好，应该满足了。”说话间，只听水响，两人向水中看时，只见一只巨大的乌龟缓缓游向池边，抬头说道：“你们一个山野凡夫，一个大明天子，都错了，且看我的！”

只见那老龟缓缓游出水面，爬上岸来，边爬边点头。忽然“轰”的一声巨响，化作一个巨石，从中间裂开，定在那里。黄福林见了，甚觉奇怪，问所从来？老龟笑道：“左福右寿，人之上境也，此天所赐之。”黄福林顿悟：“很好很好，有福有寿，福寿双全。人之所求，以此为得也。”朱允炆则默默不语。

同一景象，两人的感悟全然不同，而后两人的人生也是大不一样。传说黄福林从此日出而作、日落而眠，粗茶淡饭，清心寡欲，活了一百零六岁，真正得到了福寿。这才是真正的福寿之道。红尘喧嚣，芸芸众生中有太多人着急于房子车子票子，奔忙于情

场职场商场，身无片刻休息，心无片刻宁静，哪有时间去思考福寿的事呢？我们得学学九叠泉边的黄福林，让身体安静一点，等一等躁动的灵魂。

而朱允炆呢？他的愿望永远也实现不了啦。他的心并没有真正离开皇宫。他以不可求而求，结果很不妙。且看他一首诗：

滇中藤王历千年仍生机勃勃

阅罢楞言磐懒敲，笑看黄屋寄团瓢。
南来嶂岭千层迥，北望天门万里遥。
款段久忘飞凤辇，袈裟新换衮龙袍。
百官此日知何处？唯有群鸟早晚朝。

从诗中我们可以看出，他出家是为了避祸，心不在佛门。读经书，有口无心；做法事，漫不经心。出家对他来说，只不过为了打掩护，难怪“磐懒敲”了。他的心在朝廷，他希望重新过上百官来朝、山呼万岁的帝王生活，哪还有心思吃斋念佛？然而事与愿违，他隐姓埋名、遁迹荒远，始终不敢以真面目示人，那个遥远的家国梦最终成了南柯一梦。

诚心祈祷吧！当我们漫步九叠泉边，听松涛，观池韵，流连忘返之时，静心思之，真正的福寿在哪里？怎样善待人生、善待自己？若你怀有福寿双全的良好愿望，九叠泉真是你不能不来的地方。

迦叶殿后面藏经楼

从九叠泉左侧往上走，一里许，有一株巴藤树。它拔地而起后，挂在了四周的树上，藤枝曲折盘旋，径围 2 米多，藤展 60 多米，覆盖 2000 多平方米，堪称神山一绝，人们习惯称它为“滇中藤王”。当地老百姓传说它是佛祖身边的青龙所化，还有人曾看到青龙腾空飞去的景象，想起“龙上天要借弯腰树”的古话，有凌云志向的人们，都来祭拜这棵藤王。

这棵藤王历千年仍生机勃勃，它穿过久远的历史，来眺望五彩的今天，这纷繁的世界。它给了你什么启示吗？除了天时地利，它更昭示了一种生命的精神、不屈的力。面对它的勃勃生机，我们作为万物灵长，又有什么感悟呢？佛佑神助，也许只是一个愿景，不是谁都有这个好运气，但人需怀有希望之心，有希望才有行动，万一实现了呢？明知其不可为而为之，正是我辈应取的态度。

至响鼓地的途中，有一棵古茶花，它是充满灵性的觉悟之树、智慧之树。当年无住在白云窝修炼，久而无成，就掰下一枝山茶，

倒插在这里，发誓说："誓以此茶，证吾道之成否？"说完给树枝浇了一回水，他自己就回白云窝入定修炼了。

不知过了多久，无住出定醒来，耳边听到天际传来铙钹的声音，一瞬间他开悟了。他到外面行走，一定神，愣住了：他倒插的那株山茶，已吐出了新芽。刚到春分，那茶花就开了红艳艳的一树，每朵都有碗那么大，红得像要滴下血来。他忙向着茶树行礼，又为茶树浇了一次水。

一直到深秋，那茶花都没有凋谢，成了化佛山一绝，引来四面八方的香客信众，顶礼膜拜。后来，清代朝廷督学宪副（都察院副长官，左副都御史）凌夫敦为那棵山茶花题字曰："验道花。"

如今的验道花生长依然茂盛，出地一尺多就分为两株，树身显得细而高，竞赛般冲天而去，它是出类拔萃的刚毅之躯。

早在清代，牟定有个朝廷拔贡，名叫唐绍文，他写有一首诗叫《无住和尚验道花》。诗中"至今池水上，年年花自开"两句，说明了茶花的位置，那就是九叠泉上面，和现在茶花的位置是吻合的；诗中"大觉常寂寞，此树独不颓"两句赞扬了它的精神，这种精神也是无住坚韧不拔、不达目的誓不罢休的追求精神的写照。

20 世纪 80 年代末，云南出版了一本书，记载云南老茶树 101 株，其中楚雄入载 67 株，占了大部分。中国茶花看云南，云南茶花看楚雄，与楚雄那 67 株相比较，从树的年代、树的历史看，验道花都应入载才是。可惜藏在深山人未识，它最终未被收录。

从验道花旁向上走可到达响鼓地。响鼓地在化佛山接近顶部的空旷处，是一块平坦的草甸。草甸上绿草如茵，杂花星布。四围松林耸天，涛声低回。站在地上用脚一跺，如战鼓般咚咚有声，地下似有千军万马，十分神奇。

这块草地，就是牟定传统节日"化佛山秋会"的会场。据传说，古时候，秋老虎常出来害人，人们热得无法出门。化佛山下有个彝族青年叫阿牛，是个神勇的猎手，武艺高强，远近闻名。最后勇敢的阿牛打死了秋老虎，还彝寨一个凉爽的秋天。响鼓地还有另一种传说：姚安彝族首领自久不堪官府压迫，奋起反抗，率人攻占了官衙。后来起义失败，他退守化佛山，借来天兵藏于响鼓地下面。直到战斗结束，地下天兵没有得到撤退号令，就一直埋藏下来。

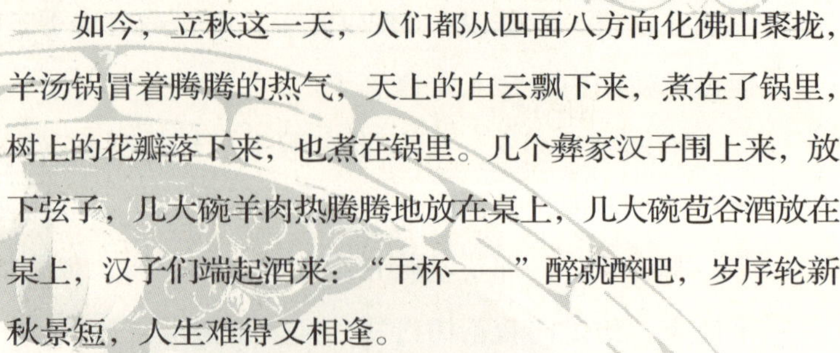

爱此彝域，恍似太虚，若问世外桃源，更在何处？

如今，立秋这一天，人们都从四面八方向化佛山聚拢，羊汤锅冒着腾腾的热气，天上的白云飘下来，煮在了锅里，树上的花瓣落下来，也煮在锅里。几个彝家汉子围上来，放下弦子，几大碗羊肉热腾腾地放在桌上，几大碗苞谷酒放在桌上，汉子们端起酒来："干杯——"醉就醉吧，岁序轮新秋景短，人生难得又相逢。

不多时，新鲜的鸡纵摆了一路，老火腿摆了一路，手绣花衣服摆了一路。各地五光十色的彝家男女如约而至，四周弦子乱纷纷地响起来了，花衣服晃起来了，姑娘们的辫子甩起来了，歌声开始飞天上去了。赶会的人随时可加入左脚舞的圈子，扣住阿老表阿表妹的手，跳起黄灰做得药，那"啰哩啰"的嘹亮，震荡得太阳月亮都伸出头来张望。

化佛山秋会，凸显的是浓郁的地方特色，表达的是对生活的讴歌与热爱，那时那地那人那会，有复制品吗？

响鼓地之上，游人若不畏艰难勇于攀高，最后可达化佛山最高峰望佛台。站在望佛台放眼四境，苍山茫茫、洱海渺渺、西山巍巍、滇池浩浩，此情此景让人顿时心胸心胸旷达，宠辱皆抛，"荡胸生层云，决眦入归鸟"的快感喷发而出，情不自禁地狂啸四野，喟然大呼：会当凌绝顶，一览众山小！

现在的迦叶殿，又名袈裟殿、华圣寺等，居于化佛山中部右侧，是目前化佛山最重要的佛寺建筑群，其建筑气势恢宏，佛法庄严，佛号声声，香烟袅袅，信众如织。

据载无住弟子普睿于乾隆十二年（1747 年）建成迦叶殿。迦叶，全称"摩诃迦叶尊者"，佛祖释迦牟尼的十大弟子之一，是中国禅宗的西方始祖。无住是禅宗一派，普睿建这个殿的目的就清楚了——它是用来纪念禅宗祖师迦叶的，也是用来纪念一代禅宗大师无住的。

现在山门上的 180 字楹联是台北师范大学文学博士李

道显教授题写的。李道显是牟定人，他饱含对故乡的一腔热情写此长联。

上联——

石梯登袈裟，穷目四望：俯览滇池西山，仰视点苍洱海，南极把边黑水，北尽玉龙金沙。榛莽原野，有化佛无住禅刹。临罗汉舍身崖壁，欣旃檀验道茶花，乐朝山赶秋天街，听宝莲屐履响鼓。爱此彝域，恍似太虚，若问世外桃源，更在何处？

下联——

丰碑存遗迹，细心寻思：考索元谋文物，缅怀禹贡梁州，拓殖楚裔庄蹻，初辟益郡峨碌。绵渺史乘，载武侯孟获征尘，建盛唐茅阳耐笼，徒赵宋段氏麽些，置蒙元千户定远，肇当代中兴共和。展书风檐，神交万古，欲踵前修功业，还看今朝！

立足袈裟殿，环身四顾，目及千里

给它做个简单解释，是这样的：沿着九十九级石梯，登上袈裟殿，放眼四望：俯首饱览滇池、西山，美景如画；抬头遥望苍山、洱海，雄浑壮阔；向南远眺把边江、怒江，波涛汹涌；向北神会玉龙雪山、金沙江，高峻挺拔、曲折绵延。在茫茫苍苍的化佛山中，有无住禅师的宝刹，巍峨庄严。我在罗汉林、舍身崖前沉思，在旃檀林旧址踯躅，在验道茶花下悟道。热闹的秋会更使我乐而忘返！在这里，我仿佛听到了宝莲寺的芒鞋声声，还有响鼓地的神秘咚咚。我热爱这美丽富饶的彝州大地，仿佛广袤空灵的人间仙境！还有比这更迷人的世外桃源吗？它在哪里？

丰碑留下历史遗迹。细细品鉴：这里有元谋人的远古文明；有《尚书·禹贡》篇中牟定属梁州的记载；有庄蹻开边，脚踏峨碌，荡立威楚的功绩；有汉武帝设立益州郡，滇王称臣，一统边疆的盛举。在漫漫历史长河中，还有诸葛亮七擒孟获的硝烟；还有盛唐贞观时改属髳州，治所在耐宠的变迁；还有宋代大理国高昇泰执政，这里曾为他封地的遗事；还有蒙古宪宗四年（1254 年），立牟州千户，后又改称定远州的曲折。延至今日，国家中兴，牟定县城称为共和镇。瓦檐参差，风声萧萧，史页漫卷，与历史契合神会，顿有豪情万丈、壮志凌云之感！追慕前贤，欣逢盛世，建功立业，

还看我辈，正在今朝！

上联中作者登高望远，立足袈裟殿（迦叶殿），环身四顾，目及千里。他以丰富雄奇的想象，纵横捭阖的视野，描绘出高远、辽阔、苍茫的意境，使人瞬间生发无限感慨。写法上由虚到实，由远及近，把目力所及的周边四境，名山胜水，概括得淋漓尽致。以极度夸张的笔法突出了化佛山的高峻、雄伟，尽显广阔胸襟，一展博大情怀。站在化佛山顶，传说可以看到昆明西山和大理苍山，但距离遥远，仅凭肉眼是看不清的，这里写看到，只是个心眼所见。至于把边河、怒江、玉龙雪山、金沙江，则更不可能看得到，所谓心领神会而已。

作者用想象把这些美景尽收眼底，表现的是一种宏大的气魄，一种激荡难抑的心境。这与“孔子登东山而小鲁，登泰山而小天下”的感受是一致的，它是一种人生感叹，一种圣哲情

思。然后作者思绪收回，由景及人，写游山所见，“榛蛮原野”四字，概括地抓住了化佛山自然景观的典型特征：原始自然的森林。“无住禅刹”代表了化佛山人文景观的核心，再以罗汉林、舍身崖、旃檀林、验道茶花、宝莲寺、响鼓地点衬，主次分明，提纲挈领，既勾勒了景之要点，又植入了人的活动。手法疏密有致，绘色绘声，景中含情。最后设问点明旨意：把彝州大地比作世外桃源，“爱”字为眼，作者对故乡的倾心之情，溢于言表。

下联中作者回首历史，心骛八荒。把彝州和牟定几千年轰轰烈烈、波澜壮阔的发展历程，浓缩在90个字中。作者由古及今，如数家珍，无一遗漏，又重点突出，层次分明。提炼之精，陈述之准，令人惊叹。他以牟定变迁为主线，从

《尚书》属梁州，一直写到现在的共和镇，不枝不蔓，一线穿珠。彝州的这一部发展史，正是中华民族发展史的微缩版，是人类艰难前行的写照。述史完毕，作者笔尖一抖，表达了建立功业、报效家国的良好愿望。既是自勉，又是励人，一腔豪气，掷地有声。

故乡是盛放灵魂的地方，我们心里对于故乡的那份执着，当不止于敬畏和回归，更多的是呵护与看守吧！

在迦叶殿后面藏经楼右侧小路边，有三座僧人寿塔非常显赫，人称“三佛塔”，中间一座正是“开山祖师无住之衣钵塔”。无住是大理祥云水目山的第六祖，圆寂后葬于水目山，这也是常理。但化佛山是他的根，在这里安葬衣钵塔供奉，正表明了他与化佛山的密切关联。左边是“水目山非相禅师发爪塔”，非相是无住成就最高的弟子，是水目山第七祖。把他发

❶中间一座是“开山祖师无住之衣钵塔”

❷塔的碑文留下了最重要的信息

爪供奉在化佛山，也表达人们对他的景仰与崇敬。右边是“普睿寿塔”。普睿是无住的弟子，小无住六十几岁。他在佛学上没有多大造诣，但俗话说：“皇帝爱长子，百姓爱老幺。”无住生前对他宠爱有加，更重要的是，他在化佛山修建了迦叶殿。这是无住生前未了的夙愿，普睿了了。

化佛山被称为“佛塔博物馆”，僧人塔众多，除了“三佛塔”，在旃檀林右上方还立有曹洞六塔。六塔其中一座是“开创旃檀林圆寂师公上法下广讳洪识之塔”。释洪识是无住的师兄，他建的旃檀林是化佛山最早的寺院。无住生前曾请他到水目山养老，他不去。由于他的佛学造诣远在无住之下，并未和无住同葬一处。但这几座塔的碑文留下了最重要的信息，即河南少林寺福裕禅师七十字演派的曹洞正宗第十二世“洪”字派以下的九世字派：识、普、光、宗、道、庆、同、玄、祖。这就十分难得了。

在旃檀林之后，化佛山有了第二座寺庙——白云窝寺，其建造者就是明末清初誉满西南、影响云贵川三省佛教发展的牟定和尚无住。

无住是牟定笕槽河人，28 岁出家，后到化佛山修行，白云窝寺建成后，他和师父彻庸到大姚建德云寺，之后游学江浙，住持大理祥云水目山。他从一个目不识丁的铁匠，到诗画皆能的一代高僧，最后成为水目山第六祖。

“山高我为峰”，无住是志者，也是智者。

明朝崇祯十一年（1638 年），大理洱海卫（今祥云县）佛教信众推举巩令熊延请无住去水目山重兴佛事。当时无住的师父彻庸早已成名，为什么请的是无住而不是彻庸？因为无住是一个善于实践的人。他铁匠出身，从始至终都在实践。化佛山实践，大姚德云寺实践，浙江天童寺

它是无住的开悟之地

学成归来的无住就成了不二人选

实践，江苏昌隆寺实践，杭州闭关实践。这些实践锻炼，为他积累了丰富的经验。

而彻庸，十一岁出家大理鸡足山大觉寺起，一直待在寺院里，注重的是佛法理论的研究。另外，彻庸的“般舟三昧法”还没有完成，禅宗和净土宗结合的研究还没有完成。社会的现实原因是，明末的战乱，导致大批北方人南逃，这就要求佛教要同时适应这些人的需求，而学成归来的无住就成了不二人选。

无住在水目山建成了宝华禅院，僧人入寺院修行的形式是律宗的，内容是禅宗和临济宗的，这就是无住所说的“以戒律作藩篱，以说戒为法门”。永历年间，“凡文武官宰均拜（无住）师门下”，一时宗风大盛，法徒遍布云贵川三省。无住法徒中著名者有普行（非相禅师，景东人，水目七祖）、普荷（昆明晋宁人，原名唐泰，法号担当，清朝五大画僧之一）、普睿、普登、普证、普同等60余人，有成就的僧人集群式出现，使水目山成为明末清初云南佛教的传播中心。

无住于明天启二年（1622年）建白云窝寺，它面对东方，视野开阔，背靠化佛山主峰，又是一块避风的凹地。它是无住的开悟之地，从这里，无住一飞冲天，走向了佛学的大千世界。白云窝寺周围松柏叠翠、白云缭绕，一派祥瑞。寺前一眼清泉，每当天晴的时候，清泉中就飞出朵朵彩云，这些彩云飞到天上，幻化成了佛形，化佛山方圆几十里的云彩都是从这个水塘中生发出来的，故得名“白云窝”。凌夫敦亦曾有赞誉，题词曰：“阴晴之池。”

如今的白云窝，寺院早成废墟，但清泉还在，灵气不减当年。当你驻足白云窝的时候，当你苦苦探求人生哲理的时候，当你为房子车子票子焦头烂额的时候，你来白云窝，想一想无住及禅宗，人生的道路千万条，哪一条是适合你的？你怀一颗仁爱之心、存一份善良之念来，不要追求得到许多，何不想想付出多少？不要为物欲身心俱疲，要想想人生几何？“生活除了苟且，还有诗歌和远方”，这样，一颗焦灼的心，就会平静许多。

哲人无住悟禅心

从思考人生基本问题开始、从放下屠刀开始、从舍去俗世开始、从结庐悟禅开始，牟定化佛山走出了哲人无住，他一生主动作为，一生苦苦求索，一生积德行善，他把一个出家人修行一生所能创造的精神财富累加到了一个相当的厚度。

无住出身在清寒人家，据说出生时天上打雷下雨，俄而云开雨霁，白云满天。他生下后啼哭不止，后来家人向一个化缘的和尚为他讨了名，才乖了。

无住没有上过学。穷人家的孩子，没上学是很正常的，明代牟定没有官学，上学只能去私塾，那是富人的事。16 岁时父亲去世，家庭顿时陷入困境，他只好去学打铁，贴补家用。生存的艰难促使无住开始思考人生的一些基本问题："我来这世上做什么？是来受苦的吗？人生的意义是什么？"

即使你并不相信什么"佛子临世"之说，但从这儿你分明可以看出，无住是有智慧的人。因为一般的人不会来思考这种问题，思考了也就罢了。而无住思考了，就去求索，这就是大智慧者。

那么，他思考的结果呢？

一次，无住在铁匠铺，想着想着，竟拄着铁锤入了定。这时，一个手托化缘钵的和尚刚好经过这里，他见了无住的样子，便明白了。他明白了什么？明白了无住有出家的慧根。于是举手在他耳边轻弹数下，无住猛醒过来，忙向和尚行礼。和尚说："你去大理找一个叫彻庸的和尚，他是你师父。”

无住一下子找到了人生的出路：出家。

无住认为出家不单是个人生计，更是度己度人，是积德行善。一般人，想一万次也不会下决心出家，而是选择别的路，因为执着尘世的欲望始终让人放不下。正如曹雪芹《好了歌》所说：“世人都晓神仙好，惟有功名忘不了！古今将相在何方？荒冢一堆草没了！世人都晓神仙好，只有金银忘不了！终朝只恨聚无多，及到多时眼闭了。世人都晓神仙好，只有娇妻忘不了！君生日日说恩情，君死又随人去了。世人都晓神仙好，只有儿孙忘不了！痴心父母古来多，孝顺儿孙谁见了？”

为什么选择出家？明朝末年的社会现实太严酷，无住的

1

❶在明日复明日的等待中，人空耗了生命

❷无住思考了，就去求索，这就是大智慧者

经历说明了种田不能养家，过不上安生日子，而打铁也非长久之道，做小生意也走不通。

出家面临着什么？面临着舍弃。无住欲入佛门就得舍弃老母亲、舍弃妻子儿女、舍弃世俗生活。这已经相当不易。人们总是相信，以后日子会好起来。正如老话说的，“人是钱哄老了，马是料哄老了”。在这种明日复明日的等待中，人空耗了生命。

而无住，他决心用实际行动来实践人生。这就是思行合一者，这就是大智慧者。具有这种智慧的人，永远是少数，这已为两千多年的佛教实践所验证。有这么个经典的话头：信众问佛陀，如果大家都皈依了，这个世界会是怎样的呢？佛陀的回答是，如果大家都学好，都听佛的话。佛的佛德当中的万亿分之一，就可以把人们都养活下来。这个回答说明，佛的能量是巨大的，这样我们就明白了，不是人人都有这个智慧。

❷

但无住并没有马上出家，因为母亲不同意。“百善孝为先”，无住只能选择先尽孝。但他开始持斋，不吃肉，并且在家门外的路边摆了一个茶水摊，接待过往的僧人。他开始做善事，虽然自家生活清寒，也要为别人付出。他开始对人生有了高层次的领悟。

除了打铁，无住还当杀猪匠，他脚手麻利，人称“邓一刀”。可是有一次，他遇到了怪事。那一天，待杀的是一头母牛，他像往常一样，白光一闪，手起刀落。然而，就在这起刀落刀不到一秒的当儿，无住的眼睛出现了幻觉：一片血光之中，母牛腹中“呼啦”一声，跑出一头小牛，小牛一转身，竟跪下朝他“咚咚”地磕头，嘴中直呼：“莫杀我母，莫杀我母……”无住大惊，双眼使劲一瞪，幻觉消去了。

他缓过神，一用力，只听“嘭”的一声，牛血喷了一身一脸，他双脚一软，刀子落在地上，人也跌坐在地上。从那以后，无住再没有杀过生。这是借故事说佛，感化世人从善。无住有慧根，他即刻放下了残忍，崇敬佛心，并最终证得了佛果。

28 岁那年，无住的母亲离世了。安葬完母亲，他不顾妻子反对，毅然决然出家了，他必须去实践他的人生理想。

无住先到禄丰净莲寺，拜海量大千和尚为师，大千和尚给他取法号为“无住”，出自《金刚经》中“应无所住而生其心”一句话。从此，“无住”这个响亮的法号，便伴随了他辉煌的一生。我们注意到，“无住”是号而不是名。号是平常叫的，名是正式场合的称呼。也许大千和尚观察出什么了，没有给他起名。

果然不多久，无住便向大千和尚提出：入寺以来，没有什么心得，只学会念“南无阿弥陀佛”。大千和尚很理解无住，推荐他到大理鸡足山找彻庸认师父。

无住是追求理想的人，当即去了大理。一天午后，无住进得大觉寺，眼见寺院辉煌气派，顿时热血沸腾。他刚跨过天王殿，就见到一个年轻的和尚大步流星出来。只见他两眼炯炯放光，步子刚健有力，快捷如风却没有一点声音。无住思忖：大寺庙果然不凡，一个小和尚都如此派头！遂快步上前问道“师父，彻庸大师可在？”

那年轻和尚眼见一个五大三粗的和尚问话，停了下来，细看心下一惊。嘴上喝道：“找彻庸何事来？”

“投师礼佛。”

“山野村夫，也投彻庸礼佛？”

“人人都有佛性，有何不能？”

说话这年轻和尚正是彻庸，他听到无住回答，心中窃喜，面上却不动声色，只不紧不慢地说道：“贫僧就是彻庸。”

无住当下大惊，他没有想到这个看上去比自己年轻的和尚竟是彻庸，心下兀自凉了半截，但他还是跪下行礼，叫道：“师父。”

彻庸待他行礼毕，并不还礼，顿一顿，又厉声喝道：

“我且问你，狗子有无佛性？”

无住听到“狗子”的问话，心中大恼，本来跪下拜师就有些心不甘、情不愿，这下爆发了。他抬头大声答道：“无！”然后起身，转身，甩开大步，刮风般去了。彻庸在后面大声喝道：“站住！”他理都不理。彻庸望着他的背影，一声叹息，只得摇头。

彻庸的问话，是唐代禅宗大师赵州和尚的著名“话头”，是用来考查弟子根器的。无住当然认不得，以为是寻常问话，当然答非所问，并恼羞成怒了。另外，彻庸比无住小两岁，十一岁就出家鸡足山大觉寺，是禅宗遍周大师的嫡传继承人，已经是禅宗有名的法徒了。无住看走眼了，以为他是个小毛孩，不配做师父，所以这个拜师仪式，弄得不欢而散。

正是这个不欢而散，成就了化佛山的赫赫威名。对无住来说，那是命途多舛，好事多磨；对化佛山来说，那是阴差阳错，歪打正着。无住《苍山集》有载，直到三年后，彻庸才给他命法名为：“释洪如。”

无住是咬定青山不放松的人，到大理不如意，岂肯干休，走投无路，便决定回化佛山自己修炼。他没有走常人之路，这就难上加难，也许他能闯出一条终南捷径，也许一事无成，空耗生命。

然而，他成功了。他的决心和勇气不是常人能有。要知道，他年龄已经大了，28 岁，一般人，已经罢手。而他，却勇猛地向前闯去。正是“老当益壮，宁移白首之心？穷且益坚，不坠青云之志”。他一个人上山修炼时的化佛山，还是原始森林，虎狼出没之地。无住决心斩断退路，死而后生，他告别道友时向空发誓：“我到此间，如大事不明，便离此山，即遭虎蛇。”

无住从回答彻庸的“无”字开始，将此“无”字一疑疑定，踟跌达旦。由是五昼五夜，如死了烧了一般相似。横也是个无，竖也是个无，穿衣吃饭屙屎放尿总是个无，相捱不觉一载，未见下落。（无住《空明集》）无住就是这样的，在人生的探求道路上，他进入了无师无友之境。他放弃了吗？没有。他灰心了吗？没有。他绝望了吗？没有。他还在死死坚持，这就非凡人所能做到了。“又是一年，

❶ 正是这个不欢而散，成就了化佛山的赫赫威名

❷ 我到此间，如大事不明，便离此山，即遭虎蛇

毫无明处。但觉个无字，撑在心上，死又死不得，活又活不得，丢又丢不得，参又参不破，饮食懒餐，越越着忙。”（无住《苍山集》）

两年毫无收获，一般人会选择放弃。放弃也是一种选择，有时，放弃是明智的。大海捞针，有可能，但成功的可能太小了，几乎没有。这种时候，及时转弯，方为上选，正所谓识时务者为俊杰。可是，无住，就是要往死里钻，要变不可能为可能。

无住无怨无悔地向既定目标走去，没有回头。这种有悖常理的坚持，按说不可取，成功的可能性太小，大海捞针，能捞到吗？但非常理的事不可以常理度之。一日他在定境中，听到了高楼上传来铙钹的声音，感到周身通泰，情不自禁地大喊一声：“通身是，遍界是，处处逢，何曾迷？”他成功了。他得到了初步的领悟。

这个偈语禅宗叫开示偈，也叫开悟，它是“顿悟”法门，修的是心。无住这一段参的是“无”，也就是“空”，他要从内心解决什么是“无”的问题。他所得到的回答是：无所存在，无物是空，

但觉个无字，撑在心上

无所不在，无物不是。通俗说来这正是“色即是空，空即是色”的禅意，也类同于“大音希声，大象无形”的意味。

佛在灵山莫远求，灵山就在汝心头

正如一首禅诗所说：佛在灵山莫远求，灵山就在汝心头。人人有个灵山塔，好向灵山塔下修。

开悟只是小学毕业，还有中学、大学。无住终于死中得活，这是他艰苦奋斗的结果。人人都渴望成功，但不是人人都有他这种精神。有了这种精神也未必成功，但是，他成功了。如果你说他是佛子，那也是对的，他就是佛之乘愿再来。他开悟用了近三年时间，可对有的人来说，终其一生也是不行的。

百尺竿头，需要更进一步。按佛家说法，“静定慧”三境，他只完成了一境。正在他苦恼之时，师父彻庸来化佛山找他了。

彻庸为什么会来？因为优秀者的优秀成果要有优秀的继承者，就必须去找。拿金庸武侠举个例子，洪七公正因为有郭靖，他的降龙十八掌才有了优秀继承人，江南七怪为什么教不出郭靖，因为他们自己不优秀。所以有了优秀的老师，还要有优秀的学生，老师和学生是相互成全的，缺一不可。所以彻庸来了。

彻庸是一位优秀的佛门弟子，也是优秀的师父。他来化佛山并不吃亏，因为在他的几十位弟子中，将来历史会证明：无住是最优秀的。其他的洪闻、洪宗等人，也很优秀，但和无住相比，逊色不少。

彻庸的优秀还在于发现和培养。他发现了无住，培养上的放手，更见他的高明。他让无住独立做事，独当一面甚至多面，不过问他做什么，怎么做。在人才培养上，有“放羊吃草”“赶羊吃草”“圈羊吃草”之说，“放羊吃草”是最高明的。彻庸就是“放羊吃草”。他的高明之处还在于：不让徒弟一味学师父，而是严厉要求徒弟去走适合自己的路。彻庸自己行持的是“般舟三昧法”，而当无住要求行持“般舟三昧法”时，彻庸却认为“没有必要走他的老路”。他让无住直接进入最高的修炼境

①人人有个灵山塔，好向灵山塔下修

②此时的无住，已经登堂入室了

界——“闭关”。他积极为无住创造平台去浙江天童寺学习临济宗，去江苏昌隆寺学习律宗，最后，在杭州西湖边闭关。他一手把无住推到了至高的佛学境地，而他自己却一直守着德云寺。彻庸的佛学贡献，除了推进云南佛教禅净结合的局面之外，就是培养了无住等一批优秀徒弟。后人评价彻庸“祖灯再焰，实赖斯人”，是准确的。

事实上，无住在佛学成就上已经超过彻庸。彻庸 11 岁出家，在寺院里成长，所以他善于研究而不长于行动。无住就不同了，农民出身，一旦佛学有成，就能说会做，长于行动。这是他的长处。

一般而言，有成就的佛教徒的成长分为三步走：结庐、建寺、

传道。百分之九十的人，第一步都走不完，那就只能在别人建的寺院里修行，终了一生。结庐完成开悟，完成“度己”的任务，建寺就是自立门户，传道就是“度人”“普度众生”。无住是这方面的典型，在明末清初那段时期，他的影响遍及云贵川。

那日彻庸来到化佛山，无住喜出望外。彻庸仍旧大声喝问：“狗子有无佛性？”

无住本能地朗声答道：“无！”

彻庸骂道：“既然是无，上次你跑什么？”

无住答道：“今则血胤，不离慈母。”

彻庸摇了摇头：“呸！没出息的东西，自性本体未圆满，运用尚还大欠。”

还是老话头，还是老答案。正说明了无住只是小有成就。在彻庸指点下，无住很快成长起来。

无住带人建好白云窝寺时，彻庸再问无住：“狗子有无佛性？”

无住答道：“早已一棒打杀，不劳师父动问。”

彻庸又问道：“举棒者谁？”

无住不答，上前摘下师父的僧帽丢落地上。彻庸微笑道：“那落地又如何？”无住不答，微笑着，又把帽子放回师父头上。

这就是禅宗的“悟”。此时的无住，已经登堂入室了。百尺竿头，更进了不止一步，之后的无住，可以说是刮风般成长起来，一飞冲天了。

无住和师父彻庸一起筹集善款建大姚德云寺时，他让彻庸静心禅修，他则事无巨细，必亲躬之。待寺院建成，彻庸终于明白了：无住雷厉风行的性格和能力，无可比拟，他没有做不成的事。把事情交给他就行了。

无住这时至少有两点觉悟非庸常之辈能有。其一，结交当世权贵名流，为佛学事业助力。他深知，振兴佛教，没有名

士和权贵的支持，是寸步难行的。他结交了大姚县令黄孔昭，他可以和黄孔昭随意地开玩笑，互相嘲笑讽刺，可以随意地开口要纹银一千两做香火钱。这就是他的魄力和大手笔。彻庸看重的，正是他这种才干，而这种才干，不是谁都有的。无住可以随意地评价董其昌的诗，讥笑董其昌；可以拉住徐霞客的手不放，不写字不准走。这种人脉，为他以后的佛学事业助力巨大。

姚安有个名士叫陶珽，是万历三十八年（1610 年）进士，官至武昌兵备道，他还曾增补《说郛》120 卷被收入《四库全书》。陶珽后来回姚安定居时向彻庸学习，受居士戒。无住认识陶珽后，两人一见如故，成了挚友，无话不谈。这样，无住的诗文书法，便取得了长足进展。陶珽也乐于充当这个老师，这么有慧根的人，凭什么不呢？早在化佛山时，他们就有一段精彩对话。

陶珽呵呵大笑，巨声赞道："真狮子儿也！"

无住微笑问道："陶先生，你家'雪阁'在哪里？"

之后的无住，刮风般成长起来

陶珽一愣，指着白云窝旁无住的草庐说："这就是雪阁。"

这段对话，既充满佛学的禅机，又表明了亲密的朋友关系。除了彻庸，陶珽在无住的诗书修养上起的作用最大。无住从一个目不识丁的大老粗成为一个诗书画皆能的高僧，和陶珽的指导是分不开的。

无住还和明末大书画家董其昌及大文豪陈继儒是好朋友。他们的交往，应该是在无住同彻庸到南京请《大藏经》期间。无住在《苍山集》说得非常简略："诣留都，给谏戈公暨太史董公……日与谈心印，可庆快，此法不孤。"这里的"戈公"是指明代大学士戈允禄，"董公"就是董其昌。"谈心印"说他们交流非常融洽，引起了心灵上的共鸣，表明了他们之间已成为一种无话不谈的朋友关系。董其昌官至从三品，地位非常显赫，更由于书画方面的成就，名声大噪。他大无住 34 岁，无住出世时，他已经高中进士了，本不是一辈人，可无住凭着自己的人格和修为，和他成了好朋友。

无住能和他们有朋友关系，已经非常难得，这也说明了他结交名士，助力佛事的真实内心。遇到贵人是机遇，而结识贵人，就要靠能力和人格魅力了。

这里有一个疑点须明：因为无住是和师父一同游学，所以交往上见诸文字的常是彻庸，这也正常。比如写诗，一个大名士不会为师徒分别写，而只会写给师父。对我们今天寻古的人来说，是有一些遗憾，但就人情世态而言，则是非常正常的。

比如董其昌《赠彻庸禅师》："花竹蒙茸野水纡，闲弹别鹤试游鱼。经春自领湖山长，可奉东皇咫尺书。"

这是一首闲适小诗。表达对彻庸闲云野鹤式的生活的向往，却又没有赠给无住的诗。

陈继儒《赠彻庸禅师开妙峰山》："声色无端不我期，绕身三匝见狞龙。戏将绦系龙腰上，明月寻来似老松。"

这也是一首表达倾慕和向往方外生活的诗。诗人诙谐幽默，设想了自己隐归佛门的有趣生活，读来生动传神。

诗中未提及无住，但陈继儒和无住的关系却非同一般。无住在杭州闭关三年期间，陈继儒任护持，组织人日夜守在庐外，同时亲自撰文为无住募捐钱款。可惜的是，这个文字也没有能留下来。

无住和徐霞客的交往，就是美谈了。

第一次在德云寺，是巧遇。彻庸、无住和唐泰（担当和尚）早有交往。唐泰早年游学北方，出过家，与徐霞客是好友。徐霞客来云南正是拿着唐泰的介绍信来找彻庸的。

崇祯十一年（1638 年）年初的一天下午，一个衣着怪异的中年人，进了德云寺。向小和尚问道："住持大师在吗？"小和尚答："在的。"那人道："真巧。我是专程来找周大师的（彻庸法名周理）。"小和尚说道："大师不在，他到外地去了。现今住持是洪宗法师。"那人道："啊！那可惜了。"小和尚道："还有无住大师在。"那人道："太好了，请带路。"

来到无住处，无住并不认识他。徐霞客拿出一封信说："我叫徐弘祖。唐泰介绍来找周理大师和无住大师的。"无住"啊"了一声："是徐大侠呀，阿弥陀佛！贫僧曾听唐泰说过的。"两人一谈即合，非常投缘，从天文地理到山川草木再到佛教禅宗，说个没完，那晚直聊到深夜。

第二天，无住陪徐霞客游览妙峰山。回来后，徐霞客挥毫题诗一首，赠送给德云寺："路织千山积翠连，穷途欲尽到天边。峰留古德云还在，界辟诸天日月悬。狮窟吼风随法鼓，龙泉喷玉护金莲。我来万里瞻慈筏，一榻三生岂偶然？"

徐霞客的诗里，用"一榻三生"表明了和无住深厚的朋友情谊，这种友谊不是巧合，而是神交之后的必然。第二天，无住又不让走，徐霞客只好再住一天，前后三天两夜，两人促膝谈心，成了至交。

无住为什么和徐霞客有深厚的情谊？是因为相互倾慕，所谓"心有灵犀一点通"。他们都凭自己之力闯出了一番人生的大世界。他们的人生追求表面上相去甚远，但追求的实质却是一致的。徐霞客只是一个旅行者，一个文人。他被无住那种追求佛学、孜孜以求、普度众生的精神所感动，为他的人品所折服。而他自己，孤身出行，眷恋大美山水而遍游天下，与无住的宗教行善普度众生，有灵魂上的一致性。他们的结识，是一种巧遇，更是一种必然。徐霞客来找的是唐泰，目的不只是慕名，更重要的是化缘——请求旅行资助并介绍云南名士。唐泰就介绍了彻庸和无住。徐霞客到了姚安，在龙华寺只小住一晚，并在游记中有几句叙述。而到了大姚德云寺，却住了两晚，和无住彻夜长谈并留下了赠诗，可见他对无住的深厚友谊。

徐霞客第二次见无住，就是专访了。他在《滇游日记》里明确说"访无住"。因为其时，他已病重，如果不是朋友，是不会上水目山了。崇祯十一年（1638年）年底的一天，已移至水目山弘法的无住到宝华禅林查看建寺情况，正往回走，却见几个人在严冬的寒风中瑟缩地走来，为首的正是徐霞客。无住细细一看，大喜过望，大声叫道："徐大侠，你怎么来了？"徐霞客道："无住大师，我特意来看望你的。"

无住忙把来客迎进屋子。

无住把振兴禅宗、建宝华禅院的事，仔细和徐霞客说了。徐霞客非常赞赏，击节说道："好事啊！可惜我做不了什么。"无住道："你能来看我，就最好了。"话间，徐霞客述说来云南一年多的行迹，感叹身体也不好，准备回去了。无住听了，有些怆然。

第二天，竟下起了漫天大雪，徐霞客想下山，无住道："这样的天气，我不会让你走的。"徐霞客说道："夜长梦多，我想趁身体尚可，尽快回家。"无住道："不行。你还没有陪我游览水目山呢。怎能离开？"徐霞客说道："我已经游过了。"无住说道："我说的是陪我。"徐霞客看着无住坚定的目光，无奈地摇了摇头，只得留下。那晚，无住找来一件棉衣，让徐霞客披上，他们在火堆旁躺着，聊了一夜。

第三天，无住再留不住，只好说道："你来难得，就这样走了？"徐霞客大笑道："大雪封山，脑袋都被冻住了，哪里还有什么才情？"无住道："我不管。"徐霞客摇了摇头。无住弟子非相早准备好纸笔，徐霞客往手上哈了哈气，提笔写道："暮过观音阁，夜观渊公碑。"无住看了，哈哈大笔，合掌道："善哉善哉！"徐霞客放下笔，拱手道："保重！"转身离去。

无住将徐霞客一直送到洱海卫才分手，不想竟成永别。

这种友情，看了让人禁不住眼眶发潮，人间的至情，纯真的友谊，亦以斯为大矣。

无住的另一点觉悟是努力在学识上成为一流。无住的书法和文学造诣，主要来自彻庸和陶珽，其他人只是挂名，但挂名就足够了。他要从一个不识字的文盲，最终成为诗书画皆能的高人，自己要付出多少努力，可想而知。而彻庸在这方面，就是一代大师，来看一下彻庸的《天柱峰》一诗："三柱崇高势接天，时人到此尽挤攀。不如天山神仙过，东土西天总一般。"

区区四句，有人有景有神仙，众人的拥挤不堪与神仙的逍遥自在，刻画得栩栩如生。一个"攀"字，隐喻多多，写景抒情，出神入化。

再如："参顽抛却歇狂飙，闲向江边理钓矶。失脚踏翻波底月，芦

不如天山神仙过，东土西天总一般

花两岸尽菩提。”

这是禅诗。但生活理趣生动，意境开阔深远，情中景，景中情，水乳交融。这种诗才，正可以作为无住的老师。

而在彻庸的弟子中，有诗才的人多了去。比如洪闻，他给彻庸的悼词中写道：“欲睹师之面目兮，李花白，桃花红。欲问师之何在兮，苍山高，洱水深。”

这种景情一体的衬托和渲染，不是文中好手，是写不出来的。

而无住则最大限度地继承了师父的文学造诣，他无疑是彻庸的所有弟子中最具诗才的一个。来看他的一首《洞庭阴舟》：“抛却滇南路渐遥，洞庭湖里一舟漂。风高雪点舟难进，唯有橹歌寂寂寥。”

第一句写实，说的是离开德云寺后踏上漫漫求道之途，渐行渐远，天遥地远，诗人身有重任故心里不轻松。第二句写游历洞庭湖，小舟孤独。“一舟漂”颇具理趣，是诗人觉得曲高和寡呢？还是表达劈波斩浪，益穷益坚的奋斗豪情？也许都有。“唯有橹歌寂寂寥”，抒发的是豪情满怀，与困难拼搏到底，勇往直前的精神。全诗写景抒情，有面有点，意境开阔，是难得的好诗。

步韵作诗，是写诗中很有难度的，但无住，却也写得好。且看他一首《拟向有和尚韵》：“围合千山与万山，中间只许老僧闲。堂堂大道无轮迹，虚空为

门久不关。”

起句写千山叠嶂、万峰耸峙的画面，“围合”以动写静，使画面生动活泼起来，在这辽阔的画面中，一个老和尚悠闲自得在享受这大自然无边的美好。这是一首谈禅学的诗，把禅宗“无”“空”的境界用“实”的手法表现出来，实在是高明。

无住的书法，至今见到的有两幅。一幅录在《水目山志》中，是草书，文字无法准确认读出来，但潇洒飘逸，笔走龙蛇，落款署名“无住”；另一幅收录在《妙峰山志》中，是一幅宣纸作品，落款为“洪如”。其他更多的作品，也许我们永远见不到了，但从这两幅书法可见无住的书法造诣已经达到了相当高的境界。有《鸡足山志》一段记载为证：“（无住）师不识一字，而贯串百家，能诗能文，书法遒劲，自成妙手，遂感化者益多焉。”

堂堂大道无轮迹，
虚空为门久不关

矢志修行度众生

从化佛山起始，无住一朝向佛便矢志不渝，他后半生的艰苦修行结出累累佛果，他把禅宗中的曹洞宗、临济宗与律宗结合，再融入儒家文化，促成云南“儒释交融”的佛学局面。最终他成为明末至清初云南佛教一代高僧，被尊为云南禅宗第五祖、水目山第六祖。

纵览无住一生，先期迫于生计出家寻道，谋求解决人生基本问题。但他并不满足小有成就，而是选择向高端冲击，为度化更多的人竭尽心力，这才是他的可贵之处。度己度人，说起来容易做起来难，这种精神，就是一种高尚的品质。在这一过程中，无住释儒结合，通过不同道路达到度人的目的，具有哲人般的智慧。这正是我们要学习的。以水目山为中心弘法，辐射西南甚至更远，这就是无住要做的佛法功业。这里有个问题，需要大批人才。无住是怎么做的呢？

对有大根器的人，高标准，严要求。非相当然是人中之龙，他在鸡足山苦参无果，云游四方也无果，走投无路时他来找无住。这当然是出于对无住的崇敬，更是期待。无住问：“你来找我做什么？”

非相答：“我的心不宁静，特来投洪如大师，还望收留。”

无住道：“好，把你那不宁静的心取来给我。”

非相：……

度石

非相无言以对，只好自己悟道去了。无住离世前，非相一步也没有离开过水目山。因为无住知道，他是最具根器的人，必定要留在身边，亲自调教。所以无难不找非相，无处不刁难非相。非相在这样的环境下才成为一代大师，无住的衣钵传人。

有个叫静惠的和尚来拜师，行完礼，跪着说道："弟子远来，乞求大师指点迷途。"无住已察知他是可造之才，于是厉声喝道："出去，三天后再来回话。"静惠只好把方丈室的油添了，出去了。

三天后，静惠来了，无住问他："找我何事来？"静惠答道："养花种菜。"无住听完微微一笑，收了静惠。

而对根器一般的人，不能要求过高，无住则运用灵活的佛学思想加以疏导，以免执着一念，贻误苍生。

有人问无住："河南和尚多年修行，临行有种种患难，不得自由。自入涅后，向甚么去处？"无住答道："花街柳巷。"

又有人问："什么是丈六金身？"

无住答："干屎橛。"

还有人问："什么是佛祖西来意？"

无住答："露柱怀胎，石女生子。"

无住坚持用禅宗的“顿悟”法门引导人，这是最根本的。按简单的理解，人死后，去哪儿了？这个问题，无住没有按照常规的佛学去回答，也没有按常人的理解去回答。“花街柳巷”可以理解为“无所不在”，也可以理解为“极乐世界”，也可以理解为“你说它在哪就在哪”，这就是哲理，就是禅宗。“丈六金身”通常指的是“佛祖”，无住的回答是“干屎橛”。“干屎橛”正是禅宗门下临济宗的口头常用语，其本意是“擦屁股的小木片”。用这句话回答，可以理解为“什么都不是”，也可以理解为“你执着了”，或是“你走火入魔了”，还可以理解为“你的方法不对”。“西来意”是禅宗公案，简单的回答应该是“明心见性”，无住答为“露柱怀胎，石女生子”是很巧妙的，符合禅宗特点。如果回答为“明心见性”，那就不是“无”而是“有”了。

无住度人，不以常规法，不走常人路，一切因人而异。担当和尚，是个比较特殊的个案。

担当只小无住四岁，他来到水目山，要求出家时，无住大惊。担当痛心地说：老母亲已经离世，没有牵挂了。两个女儿嫁人了又被休回来住在家里，他也管不了，只有出家了断。无住听了，两眼湿了。考虑到担当的名望和身体因素，先前又曾出过家，因此无住不要求他结庐修行。但担当主动要求到鸡足山结庐，结庐回来又要求做事。无住只好安排他到牟定白马山，两年后招回，重新安排到大理感通寺。

无住的书画诗文有没有受到担当影响？可能性不大。他们是师徒关系，切磋是可能的，教授就不可能。当然，担当和无住是师徒关系，更是朋友关系。徒弟做朋友，这是无住的胸怀。有这样一个小故事，一日，无住到了感通寺，那担当早迎出来了。他嘻嘻哈哈笑道：“师父，你老终于来了。早知道你要坐轿子才来，我拿八抬大轿接你去。”无住笑道：“少贫

把你那不宁静的心取来给我

嘴，我今天来，就是要看一看，你把寺院打理成什么样子。”担当道：“那没说的。师父，你知道我住持的寺，什么最多吗？”无住道：“不知呀，什么啊？”担当笑道：“钱最多啊。我的书画，买的人多，价也高。再说，每天来寺里的文人画士，络绎不绝，捐助也多。”无住一想，正是这个理。笑道：“当初叫你来，你还不想来啊，这可是风水宝地。”担当道：“白马山也是风水宝地，来到这儿，却吵闹得多了。”无住道：“钱多是好事，我今天就是化缘来的。”担当道：“那有什么问题，师父，你让人把寺院都背走得了。”无住哈哈笑道：“那倒不必，我只要铸两尊金身的钱文。”后来，无住果真用担当筹集的钱铸了师父彻庸的金身。

点化高糴，无住走的也是非常规的路。有一天，无住收到一封信，信是高糴（1594—1690 年，号友山，今姚安人，

大理国相国高泰明裔孙，官至南明王朝太仆寺正卿。系高奣映之父，后礼无住为师出家）写来的。信中说他因被吴三桂追击，被迫随帝南逃，至腾冲后，家人随至，多方劝归。自思再无出路，自己大明之身，断无降清之理。遂告病潜回，藏身于鸡足山大觉寺。百思无解，决计出家伴青灯古佛，又恐吴贼追迫，特派家人联络。希望于合适机缘投无住门下。非相道：师父，如何处之？”无住道：“明日，你我即去鸡足山。”非相道：“如此郑重？”无住道：“他是朝廷重臣，又是义不降清者，应该的。这对光大佛门，大有裨益。”

不几天，无住即到鸡足山大觉寺约见高䎞。那高䎞小无住五岁，佛学造诣很深，无住与他言谈十分投机，相见恨晚。无住道：“缘法第一，也不必去水目山了，即日在大觉寺剃度。”为避免吴三桂迫害，无住未将高䎞列入“普”字辈法名，只为其取佛号为“悟祯”，让他暂在大觉寺修持，便算结庐。高䎞最终成为一代佛学大师悟祯和尚。

这是无住对非常之人的非常处置措施，更是他对忠诚正交的崇敬，这其中儒学思想起了极大的作用。无住用非常规的方法，应对非常规之事，清初大批明朝官员投入他的门下，可见他

物物头头皆是道，尘尘刹刹总西天

“师父，你让人把寺院都背走得了”

的高明。像高䍦这样的人才，无住培养了60多人，遍布云南。

看淡生死，作为一代高僧的无住，并不认为真可以了却生死，升入极乐。他晚年的两件事值得说一说。

第一件，为自己归西后落脚化佛山选定墓地。一天，无住一行来到白云窝寺旁，看到一块不起眼的小洼地。无住慢慢在那儿转悠，觉得身心通泰，浑身发热，耳旁仿佛有铙钹之音传来，心里十分吃惊。才想着，忽然有一只白灵鸟从草丛中飞出，冲天去了。无住甚觉奇异，抬头看时，只见碧霄之中，一尊佛渐渐远去。无住问洪识：“师兄见了什么？”洪识道：“就是一只鸟飞去了。”无住知洪识明白，沉思不语。刚迈开步正待离开，无住脚下忽然一绊，竟被绊倒了，原来是一根很细的藤条横在脚下。随行的徒弟见了，忙扶起无住，正要拔起那根藤条，无住连忙制止。

第二天，无住早起，叫上洪识，来到那洼地。只见那根藤条上竟结着三颗鸡蛋大的露珠，晶莹剔透，闪闪发光。无住和洪如心下明白，彼此会心地一笑，无住道：“谢谢师兄，这事，托师兄办吧。”洪识点头。从故事里我们可以看出，无住并不认为成佛就能永生，与宇宙同在。也许，在那个时候，只有葬身化佛山才是与家乡同在，才是用永恒的生命守候家乡这块宝地。

第二件事，度化妻子。一天，无住看见一个熟悉的身影，细看时，惊得呆了，此人不是

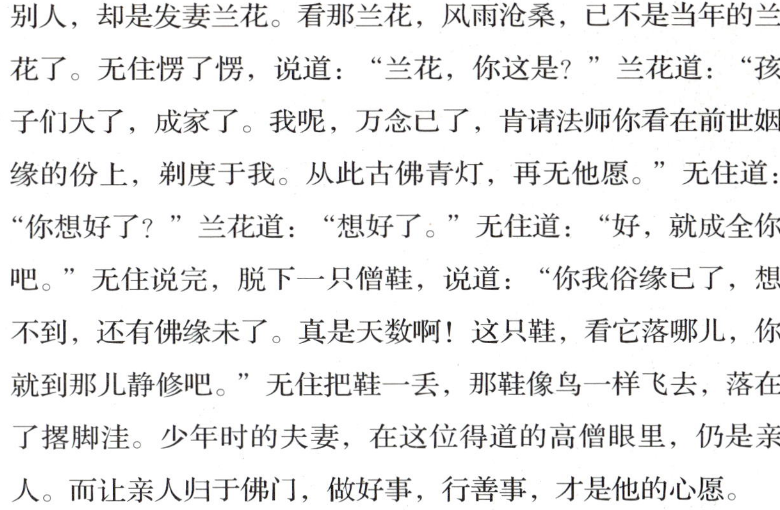

别人，却是发妻兰花。看那兰花，风雨沧桑，已不是当年的兰花了。无住愣了愣，说道：“兰花，你这是？”兰花道：“孩子们大了，成家了。我呢，万念已了，肯请法师你看在前世姻缘的份上，剃度于我。从此古佛青灯，再无他愿。”无住道：“你想好了？”兰花道：“想好了。”无住道：“好，就成全你吧。”无住说完，脱下一只僧鞋，说道：“你我俗缘已了，想不到，还有佛缘未了。真是天数啊！这只鞋，看它落哪儿，你就到那儿静修吧。”无住把鞋一丢，那鞋像鸟一样飞去，落在了摺脚洼。少年时的夫妻，在这位得道的高僧眼里，仍是亲人。而让亲人归于佛门，做好事，行善事，才是他的心愿。

无住在《空明集》中有句话：“青山白云，无功无过，盖不知老之将至云尔。”这说明，他对生死有清醒的认识。这种认识，正是我们面对生死时要细细思量的。

无住在“为五印和尚下火”的一段经文中说：“净土人人有，成佛不在西。春到万花放，哪论树高低……如今生也了，死也了，十方世界光皎皎；一脚踏破太虚空，莫挂世缘了不了。噫！物物头头皆是道，尘尘刹刹总西天。大地山河一双眼，一粒金丹火里燃。”

这段给和尚火化时念的经文真是一段关于成佛的经典文字，“尘尘刹刹总西天”充分体现了无住关于生死的哲学思想，怎样才是成佛呢？积善德做好事，不论你何时西游，这就是成佛了。哪儿是西天呢？哪里都是西天。

再如，无住在《为李二举棺》的经文中说：“亡魂亡魂，听我叮咛：生于三村苦海，死在妙峰福地，我今指与根源，只这语言便是。若番打透这些，何妨生来死去。倘于这处不通，速睹弥陀授记。”

这段经文，无疑表明了无住对于成佛的理解：生即生也，死就死了！这就是大道至简的法则。

1664年，无住离世，享年76岁。临行偈曰：“大地山河

看淡

一只眼，通身遍体不曾迷。此日家常无别嘱，戒定三学终需持。”

一愣神间，我们就穿越了历史的风尘，立在了未来。化佛山文化旅游开发正加速推进，包括左脚舞城、庆丰湖彝人文化旅游景区、常青国际牟定康养旅游度假区、旅游接待中心、莲花小镇等。

化佛山将成为楚雄乃至云南的最佳旅游胜地之一，你有来此一游的充分理由。

化佛山原始森林是滇中天然氧吧，你来，置身其间，接天地之灵光，蕴万物之精华，你疲惫的身心一旦与自然融为一体，便生出物我皆忘，回归天地的超然享受。

化佛山地势高寒、环境洁净，造就了化佛山茶天然的品质。春来百花香，你来，到山下茶园走一走，品一品。万丈红尘三杯酒，千秋大业一壶茶，品茶道，得天道地道人道。

化佛山的野生菌于夏秋时节名品叠出，松茸、香菇、栗窝，只要你来，就有收获，得山珍而啖之，人生一大快事也。

化佛山每一棵古树都是一个故事，一段情缘。你来，置身古树下，与历史四目相对、执手相谈，便生禅心，便成感悟，相信你对现实人生的洞察会更加睿智。

化佛山每座寺院都有一个未了的心愿。人生的每一天，都在一个期盼中出发，但未必会在满足中到达，这些未了的心愿，谁能诉说？也许只有心知道那颗飘浮的灵魂，要在何处安放？也许只有你知道。

春到万花放，哪论树高低

物我皆忘，回归天地

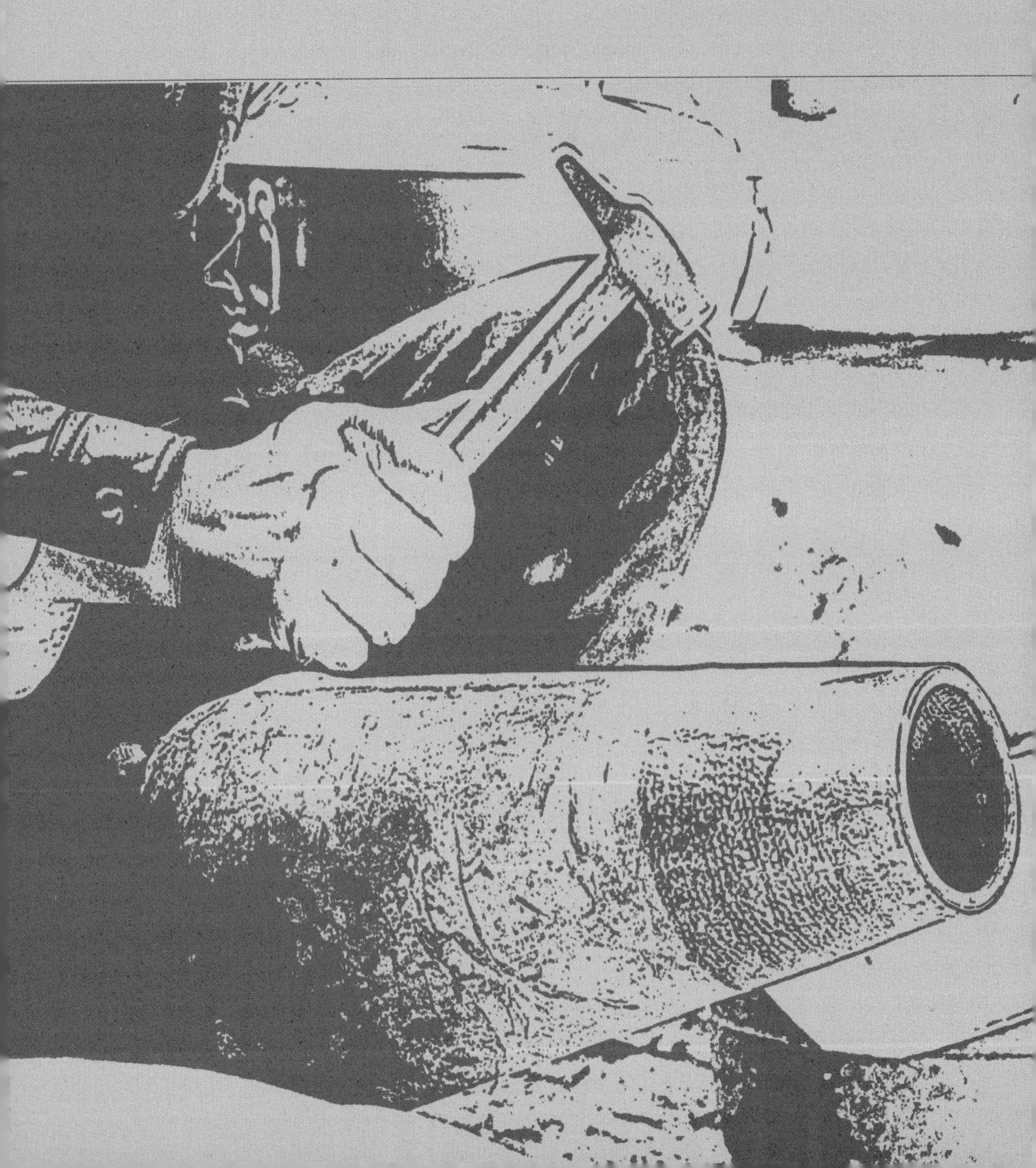

第四章 地灵人杰名匠乡

明清时期，牟定许多手工业蓬勃兴起，铁器打杂、铜器制作、篾器编制、土陶烧制、石匠绘凿等手工艺人大批涌现，为牟定赢得了“云南匠人之乡”的美誉。民国年间，为生活所迫，牟定坝子的许多青壮年劳力和以铁匠为主的手艺人结成马帮，到达临沧、西双版纳、德宏及缅甸、泰国等地买卖货物、做工、打制铁具等营生，此事件史称“走夷方”。众多匠人外出闯荡谋生，为牟定精神的形成埋下了坚韧、勤勉、冒险、创新的基因……

夷方路兮匠人魂

走夷方是条生死路，前方生死未卜，但是为了生存，牟定人尤其是有一技之长的匠人们依然一代接着一代地用自己的生命去冒险。

春天，又一个新的季节。在牟定县凤屯镇腊湾村委会白沙河村头那座古老的小石桥上，一块块写满沧桑的石头依然静静地镶嵌在桥身上，仿佛在诉说一桩桩历史往事。

这座石桥又叫下轿桥。传说在古时候去滇西一带做工的人都要经过白沙河，那时还没有桥，大家过河不便，当地的百姓恳请官府为老百姓修一座石桥，但是官府却迟迟不肯修。于是老百姓就发动乡亲们募捐，最后筹了一笔钱建了这座桥。在修建的过程中，内心对官府不满的群众故意把桥拱的弧度提高使桥变陡，让那些骑马、坐轿过桥的官员从这里经过的时候，都要下马来走路过桥去。因此当地的老百姓都叫它下轿桥。

明清两代到民国时期，下轿桥连接的这条路是牟定人走夷方的一条通道，也是“盐马古道”上的一条支道。

在落日的余晖中，站在下轿桥上，仿佛能看到了昔日走夷方的马帮行走在石桥上的情景。

大路弯弯小路弯，

郎赶骡马进夷山；
小妹听见马铃响，
手扳门枋来望郎……
问哥赶马哪里去，
赶着骡马去夷方……

古老的《赶马调》似乎还在古桥周围回旋，这个调子是牟定走夷方的老人们流传下来的，凄婉哀怨中有许多的无奈。

云南山高路险，特殊的地理环境和地理位置决定了特殊的交通文化，那就是马帮文化。自有文字记载至新中国成立前，在云南的交通史上占主导地位的是马帮，它承载着云南这个被高山峻岭、险滩荒谷封闭着的边地与外界联系沟通的重任。

云南以马帮为主要交通工具的民间国际贸易通道，就是传

问哥赶马哪里去，赶着骡马去夷方

❶过去在云南的交通史上占主导地位的是马帮

❷小妹听见马铃响，手扳门枋来望郎

被风蚀了的石板上，记载着曾经的沧桑与荣光

说中的茶马古道，它源于古代西南边疆的茶马互市，兴于唐宋，盛于明清，连接川滇藏，延伸至不丹、尼泊尔、印度等国家，它是中国西南民族经济文化交流的重要走廊。

云南境内的茶马古道上，那些深深浅浅的马蹄印似乎还在诉说着赶马人的艰辛。而这些赶马人，就是云南历史上走夷方讨生活的各族群众。

在牟定有句俗话叫“穷走夷方急走厂”，“夷方”说的就是西双版纳、德宏、保山腾冲、临沧等少数民族聚居区，以及缅甸、印度、泰国等周边国家，“厂”则是指这一带的玉石厂、银矿、宝石厂。

据史料记载和牟定民间传说，从明清两代到民国期间，牟定群众多有走夷方的习俗，其中最为鼎盛的时期就是中华人民共和国成立初期，每年走夷方的人有两千余人。

中华人民共和国成立前，牟定人走夷方在省内是出了名的。牟定县地处滇中却交通闭塞，雨水不好，“十年庄稼九年干”，再加上兵荒马乱，牟定坝子难养活更多的人。

据史料记载，牟定从明景泰四年（1453 年）开始，直至 20 世纪 80 年代，就有许多诸如“大旱，民多饥死”“大旱，民饥馑，饿死者甚多”等文字记录。1977 年的记载更为详尽：“数月无雨，河流干涸，禾苗枯萎，虫灾蔓延，龙川河两岸大部分村落就河打井解决人畜饮水问题。”可见牟定历史上洪涝灾害、虫灾鼠害、水土流失等自然灾害时有发生，曾经严重威胁着牟定人的生存和发展。

幸而牟定人会手艺的特别多，堪称匠人的汇合地。铁器打杂、铜器制作、篾器编制、陶器交易、石匠绘

据《定远县志》载，牟定的传统手工业多兴于明、清时期

凿……这么多手艺人都集中在牟定这样的一个小县城里，不得不让人称奇。据《定远县志》记载，牟定的传统手工业多兴于明、清时期，民国年间已经相当发达。

民国年间，为生活所迫，在庄稼收割完成后，牟定坝子的许多青壮年劳力以及部分手艺人不得不结伴走夷方。他们有的做生意，买卖各种日用百货。他们采购的日用百货，多为英国产品。因为当时的缅甸是英国的殖民地，以至有的人把到缅甸说成是到英国。人们把当时从夷方买来的日用百货，都称为“洋货”，如洋火、洋刀、洋铲、洋斧、洋电（手电筒）等，更有甚者，还做枪支、弹药、铜炮生意的。

在牟定人走夷方这个队伍中，人员最多的还是手艺人，有铁匠、铜匠、木匠、泥水匠、陶匠、篾匠、犁头匠、叭喇匠、骟匠等等，各行各业都有，五花八门。

“天干三年饿不死手艺人”，为生活所迫，勤学苦思的牟定人，常常是带着一种手艺出去，带着多种手艺回来，还乡时已成了集泥水匠、木匠、陶匠、铁匠、铜匠于一身的“多技能”身份了。在这样的社会背景下，许多的牟定人练就了吃苦耐劳、精明能干、坚毅果断、诚信他人的品格，一代代传承下去，一直影响着后人。

这些手艺人走夷方，更能得到夷方地区少数民族的欢迎，匠人们给当地人提供方便的同时，也把这种手工生产的工具和生活用具的技能带到滇西各个地区。他们把文明和技艺带去滇西地区的同时，也为地方和家庭创造着财富。

走夷方一般都是庄稼收完以后，数十人乃至几百人组成一个马帮往西南方向走。因为路上土匪横行，再加上蛮烟瘴气的威胁，致使人们不得不组成一个大部队前行，这样可以在很大程度上减少外界环境对性命的威胁。马帮里的头人一般叫马锅头，通常马锅头会在地方上请人卜卦，选一个黄道吉日出行。此时，附近村子里的人如果要去走夷方的就会在这一天赶来与马帮汇合。马锅头会组织一部分人带着防身武器护卫，一部分

走在茶马古道上，人就得接受风吹日晒雨淋

牟定人把走夷方看作是一种时代精神，一种勇气和毅力

人赶着马匹驮着炊锅等生活用品负责后勤，相关人员的雇佣费由众人商定平摊。

茶马古道是走夷方者的必经之道，其中走得最多的就是“采茶古道”“滇缅印古道”“滇越古道”“雪域古道”这几条干线。如今这些古道多废弃不用，唯有斑驳的马蹄印留在了被风蚀了的石板上，记载着曾经的沧桑与荣光。

山一程，水一程，身在古道行，夜静荒野深。风一更，雪一更，山高箐更深，几时才得故园情。几多艰辛，几多苦楚，走在茶马古道上，人就得接受风吹日晒雨淋，这还不算什么，其实最凶险的就是得接受蛮烟瘴气和土匪打劫的考验。

1949 年以前，牟定因贫穷而到临沧、西双版纳、德宏乃至缅

身在古道行，夜静荒野深

甸讨生活的人不计其数。许多背井离乡之人，有去无回，或染疫疠、瘴气而亡，或被土匪抢劫而被打死，以至牟定民间有“只见奶奶坟，不见爷爷冢”的说法。

尽管走夷方是条生死路，前方生死未卜，但是为了生存，为了贸易获利，走夷方的人依然一代接着一代地用自己的生命去冒险。在当时那种年代，在人们的口头语中，最流行的一句话就是“有本事的男儿走夷方，无

本事的男人锅边转！”可见，牟定人把走夷方看作是一种时代精神，一种勇气和毅力。

夷方意味着改变命运的机会及发财致富的梦想，同时等着他们的还有异国他乡的漂泊与无助、苦难与挣扎。在夷方地界，他们当中的大多数人都是从做小买卖的生意或从不起眼的小活计起家的，一部分人由于手艺精湛又勤苦好做，与当地人相处和睦，最终得以富贵还乡，光宗耀祖，而更多的人则凶多吉少，穷其一生。

但是，牟定人从没有因为夷方路上的种种磨难而放弃自己的梦想。尤其是走夷方过程中那些手艺人给别人留下的种种精神，让人们更相信牟定匠人已经升华为一种品牌，它是一个大写的辉煌。

匠人品牌所创造的精神财富，在牟定发展史上影响着一代又一代的牟定儿女子孙，激励着人们勇往直前。

有本事的男儿走夷方

五匠妙手造传奇

旧时外地人称牟定为“五匠之乡”，具体指代哪五种匠人皆不确定，盖因牟定匠人甚多、匠种繁杂之故，今以篾匠、铜匠、铁匠、陶匠、石匠为例记述其久远传奇与荣光。

藏在竹器里的传奇　牟定有许多地道的篾匠，手艺甚好。他们平时除了给自己家里编簸箕、筛子一类的竹器之外，在闲暇的时候，也会给孩子们编个小小的竹篮子、花篮子什么的，这些竹器小巧玲珑的样子自然让小孩子爱不释手。他们偶尔还会被乡邻请去家里编篾活，一般住上两三天就把东家所需的竹

清嘉庆年间，牟定县的篾制品制作手艺兴起

巧手能成就一场竹子的盛会

器都编齐了，大到海簸竹背篮，小到竹筷笼竹甑底，大大小小十几样，他们的巧手能成就一场竹子的盛会。

当年许多篾匠去走夷方，这些篾匠大多拜曹河村姓曹的篾匠学手艺，那时候曹河的篾匠在牟定境内很出名。为了学艺，先要跟着曹师傅认认真真到周围村子里的人家去做篾活，学徒那时除了供一日三餐之外没有什么报酬。这样走村串户需要学习一年多一点才可以出师。篾匠走夷方经常去的地方是德宏瑞丽一带，因为那些地方竹子较多，生意也好。

走马帮的人多是些意志坚定、能力高超的人，只要走上了马

❶县城以及乡街子上卖的大部分篾器都是出自曹河村

❷买些实用的器物，而篾器是必不可少的

帮路，就等于立了军令状，就等于拎着脑袋找饭碗，是死是活，是赚钱发财还是血本无归，全靠个人自己的运气和能耐了。

走夷方的时候，因为要生存，篾匠编篾器得活学活用，除了会编一些日常生活中的用具，还学会了夷方地界当地人用的竹床、竹椅、篾席、竹门、竹窗等等用具。那需要一种悟性，不是心灵手巧之人是无法完成的。

清嘉庆年间，牟定县的篾制品制作手艺兴起于城北的曹河村，据说，始祖曹国耀操竹编手艺，技传四乡八里。至民国

因为要生存，编篾器得活学活用

时期，众多篾匠加入走夷方的队伍，曹河篾器的名声更大了，祖传竹编手艺更为兴盛，当时全村 30 余户家家都制作竹篾器，可谓是“全村总动员”。

牟定县城以及乡街子上卖的大部分篾器都是出自曹河村。如今这个快节奏的时代，市场活跃，竹器被许多塑料制品所替代，集市上不好销售，再加上编篾器非常辛苦，所以许多后生都不愿意继续学习这门传统手艺，以至于村子里编篾器的人越来越少。即便如此，还是有一小部分人继承了这一传统的手工艺术，继续给人们努力编制实用、环保的器物。

曹河村的一些农妇也多跟着丈夫以及其他的村妇们编篾货。多数时候，在她们的院子里都有一些编好的篾器备存着，过几天要去赶乡街子，到时候可以背上一部分篾器去集市上卖。

编篾器的人都知道，编织倒是不太难，最难的就是找青竹和划篾，把青竹子剖成一片一片可以编制篾器的材料需要熟练的技艺。

竹片的厚薄也是很讲究的，什么器物的什么部位用什么厚度的篾，那是很严格的，否则就保证不了篾器的质量。因此，曹河村的男人们负责找竹子、划篾，女人则负责编竹器。有时候村里几个老姐妹会相约着聚在某一家院子里一起编，她们多编一些家常用的器物，诸如竹篮、簸箕、筛子、箩筐、竹笆、火扇、提箩、挑箩、鸡笼等等。

午后的小院子里，曹河村的农妇们边和来串门的邻居拉着家常，手里一刻不停地摆弄着手里的活计。看似轻松的篾活，其实在背后付出了许多艰辛，手指最容易被篾签刺到，久而久之她们却习惯了。她们已经把编制竹器当作是人生一件重要的事情做着，已经跟竹器结下了不解之缘。

牟定的节日众多，“正月十四赶戌街”“正月十五赶猫街”“正月十六赶天台”“三月会”“六月六赶江坡”“六月二十四火把节”“立秋化佛山赶秋会”……除此还有许多约定

各类篾器伴随着一代又一代的犁定人，
把艰难的日子过成诗

俗成的乡街子，这些个节日的交易市场，其实最热闹的还要数篾货市场，大大小小的篾货摊少说也有上百家。农人们赶乡街子，大多数是买些实用的器物，而篾器是必不可少的，各类篾器伴随着一代又一代的牟定人，把艰难的日子过成诗。

质朴的牟定人，在这个塑料用品横行的年代，仍然把竹器当作家里必不可少的生产、生活用品，在悠悠的岁月里，体验一种时光烙印里的温暖。又抑或是因为竹子的竹根稳，秉性直，它坚定不移、正直无私的品格与牟定人骨子里的人格相对应？

竹子是有灵性的，竹子的灵性带给人类的何止是一件质朴的工艺品，更是一种舞动在灵魂深处的精灵……

一件件竹器，就是一个个传奇。

村子里编篾器的人越来越少

从远古来的铜　一座古老的白塔在村间矗立着，塔尖高耸入云，仿佛与白云对话。九级的方锥塔身经受了几个朝代的洗

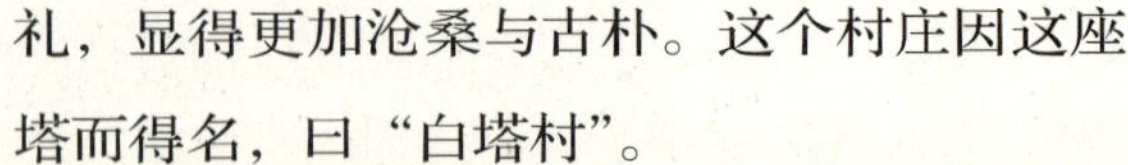

礼，显得更加沧桑与古朴。这个村庄因这座塔而得名，曰“白塔村”。

白塔村是牟定县颇有名气的“铜匠村”，其铜器的手工制作生产堪称历史悠久。史载白塔村在明代就已经有人开始以打制铜器为生存手段。如今该村铜匠手工打制的铜炊锅仍然备受人们的欢迎，让牟定人引以为豪。除此，牟定铜锣锅、铜壶、铜罐、铜盆、铜烟筒等手工铜器制品也颇为有名。

说起铜器的使用，还得追溯一下历史。四千多年前，人类对铜的发现和使用慢慢取代了石器。古代青铜器的使用，不局限于工农业、军事，还涉及宗教、文化、艺术等领域。

人类文明的发展在于生产工具的不断更新，从石器的使用到青铜器的制造和使用，是社会变革的一个重要标志。几乎在同一段历史时期，地球上许多地域的人类都不约而同地进入了青铜时代。在西南滇中地区，牟定历史上有着丰富的铜矿资源，也有着悠久的炼铜制铜历史。

牟定的铜矿资源比较丰富，有八个矿床，主要分布在郝家河、碗厂、铜厂箐、大民太等地方，储量大，品质好。早些年牟定人已经能够熟练地掌握炼铜技术，同时也为牟定铜匠的发展奠定了基础。

1962 年，牟定小坝苴村出土了一面高 33 厘米、直径为 72 厘米的铜鼓，这面铜鼓造型古朴，上面刻有羽毛纹饰，据考古学家鉴

这个村庄也因此塔而得名，曰“白塔村”

❶ 1978 年，在牟定伏土龙村出土了一套青铜编钟

❷ 1962 年，牟定小坝苴村出土了一面春秋铜鼓

定，此面铜鼓为春秋晚期器物。随后的 1978 年，在牟定伏土龙村出土了一套青铜编钟，大小共六枚。大小依次排列，长圆形，全套编钟高为 40 厘米至 50 厘米不等，重量在 4 千克至 7 千克之间。这套编钟在造型上很独特，音质纯净，音色清脆而颇具穿透力，整套编钟浑身透着粗犷原始的气息，具有西南少数民族的文化特征。经省文物局专家进一步鉴定，牟

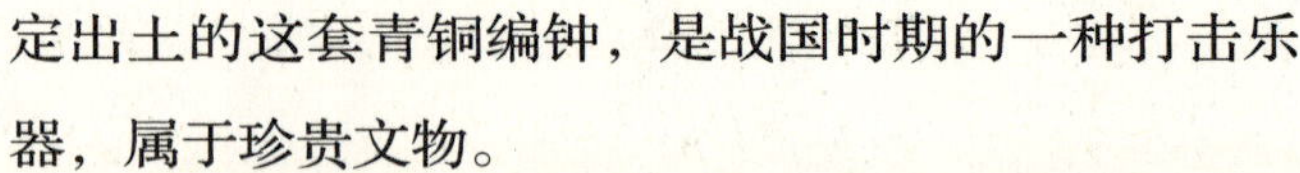

定出土的这套青铜编钟，是战国时期的一种打击乐器，属于珍贵文物。

除此之外，牟定境内在20世纪七八十年代还出土过70余件其他类型的青铜器，有战国时期的铜锄、铜斧、铜剑、铜矛，春秋时期的铜钺、铜铠，西汉时期的铜锄、铜犁，明代的青铜镜子、黄铜币及清代的黄铜香炉等。这些出土的文物充分说明，在牟定这块土地上生活的先民们使用和制造铜器的历史非常悠久，这些都是牟定先民们勤劳智慧的象征。

牟定境内还出土过70余件其他类型的青铜器

在牟定，许多人家曾有过各式各样的铜器，诸如铜锅、铜盆、铜碗、铜勺、铜烟筒，它们金光灿烂、熠熠生辉。在县内的许多人家，早年都喜欢用铜茶壶烧开水，用铜壶烧出来的开水跟山泉水一样甘甜，牟定人还喜欢用铜炊具煮饭菜，煮起饭菜来又快又好吃，那是因为铜传热快，水里含有铜离子的缘故。

如今，铜炊具依然具有它的生命力，在牟定乃至整个云南省，随处可见那些卖小锅米线、饵丝、卷粉的街边小吃摊，大多用的都是这种传热快的铜锅。

近些年，“私人订制”兴起，“工匠精神”逐步回归，它反映一种召唤经典与传统的时代背景和精神，其美学标准概括为“内涵、朴实、情怀、温度”八个字，这八个字把手工艺品特质诠释得很到位。

说起铜炊具的私人订制，这就不得不说说牟定县白塔村的铜匠们。白塔村离牟定县城仅有四公里，刚刚包产到户的时候，国家政策放宽，为了更好地

白塔村的铜匠多为中年男子

维持生计，白塔村做铜活的作坊发展到了 36 家，多以做铜炊具为主。如今还有 5 家。

这是一个不算太大的村庄，周围碧绿的菜畦与村头的小池塘相映成趣，再远一些是平整的农田，金色的菜花与远处蔚蓝的天空相对应，给人格外多的宁静。

如今白塔村的 5 家铜匠多为中年男子。他们的铜器作坊大多选择在自家主屋的侧面，多用以前的老屋改造成的。作坊不大，三十多平方米的样子，作坊里的木柜子里有他们打铜的行头，里面放着铆钉、铜钉、铜皮、钳子、榔头等物件，旁边的架子上有他们打造出来的铜锣锅、铜炊锅、铜勺子、铜电饭锅芯、铜盆、铜碗、铜筷子等等。这些打造好了的成品质地细腻光滑，外表金光闪闪，上面还有精雕细琢的花纹。很难想象这么多精巧的工艺品竟然出自一群庄稼汉之手。另外就是一些正在打造的铜炊具半

铜器作坊大多选择在自家主屋的侧面

成品，以及在作坊里堆着的铜板、铜片和铜线，这些铜板、铜片和铜线就是铜匠们用于打造炊具的原材料。

白塔村规模大一点的铜匠作坊是一家姓王的师傅。王师傅的大宗生意是铜炊锅。众所周知，铜是传热最快的金属，厚度相同的铜片易均匀受热。因此用铜锅煮肉煮饭味道更鲜香，一些酒店、饭庄、农家乐都喜欢订制铜锅。

王师傅一锤一锤打造、一刀一刀雕刻出来一口炊锅，通常用时6个星期，平均要打26000锤。产品成型之后，王师傅并不急着交给货主。他每天进好几回作坊去看那些炊锅，每次都会无意识地用

白塔村做铜活的作坊如今还有5家

他那双粗糙的手摩挲着每一口铜锅，仿佛那是他自己疼爱的孩子。据说摩挲铜器这一关也是必要的生产工序。

王师傅的儿子小王师傅是一个腼腆的小伙子。

如今王师傅已经把铜匠这门手艺毫无保留地传给了儿子，儿子的悟性很好，基本把父亲大部分铜匠手艺都学到手了。王师傅他们家到他儿子这一代，是第三代铜匠，他满心希望父亲传下来的这门手艺得以后继有人……

平时都是他们父子两个一起打制铜器，互相帮衬着，两个人总比一个人来得快些。工作台旁，父子两人轮番上阵，叮叮当当一片响，作坊里顿时气氛热烈。不过到底是个体力活，不一会父子俩都汗流浃背了。

王师傅家的铜匠手艺大多沿袭了他父亲老王师傅。王师傅说起父辈们的经历，几多辉煌几多坎坷。

老王师傅八岁就开始学手艺，随着年龄的增长和技艺的提

高，加之为贫困所迫，和牟定坝子许多手艺人一样，他二十岁开始走夷方之路。

在那些兵荒马乱，食不果腹的年代，尽管有着超群的技艺，大多数的人家都是缺衣少食，即使有着技艺也用不上。在这样的年月，走夷方无疑是可以为家里多赚些银两，让家人吃上饱饭的最好选择。虽然走夷方凶多吉少，但是牟定人依然前仆后继上路。

打铜的行头

老王师傅1947年开始走夷方。当年牟定人走夷方的队伍分成三路，即北路、中路、南路。北路的人往保山的腾冲、德宏方向一直到缅甸。中路从临沧、耿马方向一直到缅甸。南路是从普洱到西双版纳再到缅甸。

老王师傅走的是北路，从大理到保山翻越高黎贡山，经过腾冲到达缅甸，这是云南境内一条热闹的茶马古道，史载它比中国北方的丝绸之路要早200年的历史。它虽然是离缅甸最近的一条路，但是所遇到的自然环境非常恶劣。

唐人樊绰《蛮书》里有记载：“高黎贡山草木不枯，有瘴气。自永昌之越赕，途经此山，一驿在山之半，一驿在山之巅，朝济怒江登山，暮方到山顶。冬中山上积雪苦寒，秋夏又苦穹赕、汤浪毒暑酷热。”

说起云南的山，人们常常会用“一

这么多精巧的工艺品竟然出自一群庄稼汉之手

❶这么多精巧的工艺品竟然出自一群庄稼汉之手

❷用铜锅煮肉煮饭味道更鲜香

山分四季，十里不同天”来形容云南山峰气候的立体分布。其实，这句话最初就是用来形容高黎贡山的，巍巍高黎贡山，山顶终年积雪、寒气逼人，山腰瘴气缭绕、野兽出没。有歌曰：“冬时欲归来，高黎贡山雪。秋夏欲归来，无奈穹赕热。春夏欲归来，囊中络赂绝。”走这条路去夷方真是九死一生，就是民间所说的需背着阎王爷的请柬去走。

也算吉人天相。霜降节过后，老王师傅跟着马帮出发，一路居然顺畅，过高黎贡山也未遇险要。经过近一个月的徒步跋涉，他千辛万苦终于到了缅甸，不久他顺利地找到了一些活儿，收入

还算可观。

老王师傅走夷方途中最惊心动魄的一件事发生在返回路上。那是1948年的春天，大伙约定了在腾冲和顺等齐人马后返乡，但好几天人马也没有聚齐。老王师傅和几个同乡的匠人怕误了春节，于是就未等马帮一路。

他们几个人不分昼夜地从缅甸往腾冲赶路。他们大多已在缅甸半年，有的来了一年。其中出门时间最长的就是詹铁匠，他私下和老王师傅交情甚好，回来的路上他告诉了老王师傅一个秘密。他说他为了以防土匪将自己辛辛苦苦攒下的钱财抢劫一空，已将自己挣来的大部分钱财换成了金子，然后请人打制成皮带扣，他认为土匪不至于连条皮带都不放过吧。

❶一锤一锤打造、一刀一刀雕刻出来一口炊锅

❷到他儿子这一代，是第三代铜匠

哪知刚到中缅边境他们就果真遇到了几个土匪。土匪们看他们五六个人像是在缅甸赚了不少钱，就迅速拦住了他们的去路。除了带着防身的匕首，他们几个人没有枪也没有其他武器，土匪们个个手里有枪，他们被拦下了。很快几个人身上的盘缠都被搜刮一空。

此时身无分文的几个人都想着逃命要紧，正欲拔腿开溜时候，为首的那个毛胡子土匪叫住了詹铁匠，只见那匪首找来一把长刀往詹铁匠的衣服一挑，詹铁匠那根崭新的黑皮带一下子露出来，皮带上的金属扣子还闪闪发着光。那匪首奸笑着：“哈哈，再聪明的人也逃不过

我的眼睛，给我把皮带解下来！”詹铁匠见状，正欲拿出腰间的匕首和土匪拼命的时候，另一个土匪一脚将詹铁匠的匕首踢落在地，迅速把他双手绑住，那匪首则麻利地将他的皮带解下来，给了他几耳光，才吆喝着一群土匪扬长而去。

詹铁匠痛苦地瘫坐在地，随即不省人事，几个同行的人赶忙掐着他的人中，好半天他才醒过来。

由于受到打击和惊吓，詹铁匠很快病倒了，再加上一路上风雨无处躲避，他不幸得了伤寒，不到半月便在半路上去世了。老王师傅和其他几个人含泪掩埋了他的尸体，撕下他的一个衣服角，又用匕首割下他一截头发，等回乡的时候拿去他家报丧。

王师傅讲完他父亲这个故事的时候，表情是凝重的。

为了生存，走夷方成了白塔村铜匠最务实也最冒险的选择，或繁华或悲凉，在那样的年代，不是你选择生活，而是生活选择你。

悠悠岁月，洗去铅华，白塔村的人们依然日出而作、日落而息，只是在不知不觉间，他们已将铜匠的手艺做到了极致。铜匠师傅们亲手打造出来的产品都成了一件件独一无二的手工艺品，从设计到选料、造型、打磨直至成型，每一道工序都倾注了他们的心血，也凝聚了订制者和制作者的温暖情怀。

固执、缓慢、完美，从远古走来的铜，被一代代匠人，雕琢出岁月的模样……

①在不知不觉间，他们已将铜匠的手艺做到了极致

②手工打制的铜炊锅仍然备受人们的欢迎

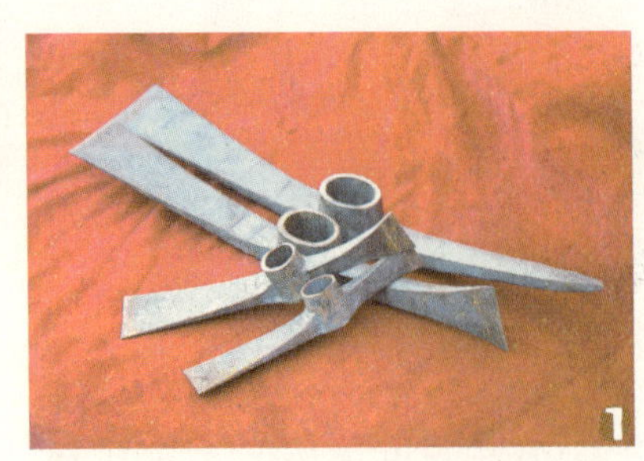

铁匠村的悲与欢 铁在我们的生活中是不可或缺的。在古代，铁在军事上占着重要地位，铁甲、铁骑、铁刀……都少不了铁。而铁铲、铁锤、铁钉、铁锅等等则在人们日常的生活中占了重要位置。

人类发现并使用铁，距今已有三千多年的历史。中国在相当长的一段时间，一直处于世界冶炼技术的前列。到了春秋战国时期，中国已经在农业和手工业领域里广泛使用铁器。

铁器的使用，是人类发展史上的一个飞跃，它促进了社会经济的发展，加速了人类文明的进程。

在民间，自有了铁这种金属以后，也就有了一类以炼铁和制作铁器为生的人，名曰铁匠。铁和铁匠是分不开的，没有铁匠，那些铁就只是宇宙中默默无闻的一种元素而已。

❶人类发现并使用铁，距今已有三千多年的历史

❷铁在我们的生活中是不可或缺的

打铁是一种原始的锻造工艺。这种工艺，虽然原始，但很实用；虽然简单，但并不易学。每至红炉生火之时，铁匠拉一阵风箱就汗水满头，抡一番铁锤，便会挥汗如注。古往今来，那几十斤重的大锤轮番起落，都需要相当大的力量与气度。

曾经的云南，牟定的铁匠最多。清代康熙至乾隆年间，牟定县城西郊的詹官屯村兴起锻打铁杂手工业，至民国时期两村共有 160 余户铁匠，可日产 1200 余件铁制生产生活用具。后来附近经、黄、储、秦四姓四个村子陆续也有人从事相同的手工业。道光三十年（1850 年）牟定城郊西山寺村民在本村开始熔铁铸造犁头、犁耳等售卖。随后石头河、中屯两村铁匠开始大量打造铁盆等生活用具售卖。有清一代至民国年间，锄、镰、刀、斧等铁制手工业品逐渐成为牟定铁器加工制造的大宗，产品除供本县所需之外，还大量外销。

没有铁匠，那些铁就只是宇宙中默默无闻的一种元素

铁匠们走村串户，打制小型的铁具

牟定的铁匠远近闻名，他们走村串户，打制小型的铁具，修补炊具、农具，深受人们的欢迎，成了“流动的铁匠铺”。

一家农户杀年猪，在大门外的空地上用土墼支起一个临时的灶，上面放一口铁锅。火正旺之时，顽皮的小孩一瓢冷水下去，锅底马上裂了一条缝隙，水“吱吱吱”地流下，要把火熄灭的样子，杀猪场瞬时乌烟瘴气。孩子母亲骂道：“小闹包，这锅要不成了，铁匠哪个晓得什么时候来！”孩子父亲无奈，只好去别的人家借口大铁锅来继续杀猪……

那个闯祸的小孩则怯生生躲远，心里只盼着有个铁匠马上出现，如孙大圣一般。

春节前几天，“打铁的来啦！打铁的来啦！”当村里的人们听到这样的喊声，大家会不约而同地拿着铁盆、铁壶什么的到村口的大树下那个流动的铁匠铺前请铁匠修理，或者顺便打制几件器物。此时，裂了锅的人家，男主人也顺便把裂了口的铁锅抬着去找铁匠补。那个闯祸的小孩则兴奋跟着跳着。

这种流动的铁匠铺，一直在上了年纪的人的记忆中。村子隔一段时间就会看到几个铁匠挑着工具箱走村串户，给农人们打制犁

耙、锄头、菜刀等工具。临时搭起来的铁匠铺开张了，铁匠使用简单的工具，必不可少是火炉、风箱、铁墩、大锤、小锤、铁片几样。

在熊熊燃烧着的火炉旁，铁匠师傅们满头大汗。只听得一阵叮叮当当的敲打声，伴着火星四射，一块烧红了的铁在师徒的手中瞬间变成了一把菜刀或者砍刀。

一直到夜晚，他们还在辛苦劳作。那情景，如李白的《秋浦歌》的描述：炉火照天地，红星乱紫烟。赧郎明月夜，歌曲动寒川。

这首诗写的是唐代铁匠打铁的场景，火花四溅的铁匠铺里，炉火照彻天地，紫烟升腾，炉火映红了铁匠一张满是汗水的脸。月明当空，应和着铁锤的节奏，铁匠唱起了歌，那歌声响彻夜晚的田野，

一块烧红了的铁瞬间变成了一把菜刀或者砍刀

震动了冰冷的山川。整首诗体现了劳动的美。

的确，劳动的人们是最美的，打铁匠人那种汗水与智慧交接的场面让人记忆深刻。古往今来就是这些铁匠，把废旧的铁片铁块变成了劳动工具和生活用具。他们中的一些还成了有着光辉历史和传奇色彩的人物，诸如身为三国曹魏时期著名的思想家、音乐家、文学家，“竹林七贤”的领袖人物嵇康不慕荣禄，隐居时靠打铁为生，以铁匠自居。唐朝的开国功臣尉迟恭，一条铁匠出身的好汉，他一生驰骋疆场，屡建战功，死后成为老百姓们爱戴的门神，流传民间，一直延续至今。

古时铁匠这种职业很重要，制造普通农具、生活用具尤其是高端兵器都离不开他们。有时候一个国家的兴衰也维系在大批铁匠制造的兵器上，即所谓“得兵器乃得天下”者也！

话说牟定的铁匠，不夸他们名声赫赫，也是名扬省内外。早年在滇西的许多地区，人家都是认准了牟定的铁匠，找人打制器具什么的就只专找牟定人，“脚踏实地、坚韧诚信、手艺过硬、精益求精”已经成了牟定铁匠以及其他匠人的一种品牌，一种信誉。

詹官屯，这是一个远近闻名的“铁匠村”，隶属于牟定县共和镇牟尼村委会，离县城三公里左右。

詹官屯过去的时候村里几乎家家都打铁，过去的铁匠铺大者师徒五人左右，小者一至两人，他们农忙季节从事农业生产，农闲季节则打铁做工。

如今在村道上行走时偶尔能听到叮叮当当的打铁声，寻着声音找去就会看到打铁人家的小作坊。只见火炉正旺，还会看到一两个青壮年男子穿着被汗水浸湿了的衣服在打铁，最常见的就是父子两人打铁，年长的在掌钳，年轻的在抡锤，配合得很默契。

詹官屯的铁铺也称“铁匠炉”。所谓“铺”只是一间破房子，屋子正中放个大火炉，炉边架一风箱，风箱一拉，风进火炉，炉膛内火苗直蹿。要锻打的铁先在火炉中烧红，然后移到大铁墩上，由师傅任上手掌主锤，徒弟任下手握大锤进行锻打。上手经验丰富，

“太上老君的膝盖”

右手握小锤，左手握铁钳，在锻打过程中，上手要凭目测不断翻动铁料，使之能将方铁打成圆铁棒或将粗铁棍打成细长铁棍。可以说在老铁匠手中，坚硬的铁块变方、圆、长、扁、尖均可。

老铁匠锤砸东西时垫在底下的器具称为铁砧，铁砧是打铁时的垫子，每个铁匠铺都有，形状像粗木桩，高约 60 厘米。上面是一整块厚厚的铁，下面是一个墩子。据说中国民间铁匠奉道教太上老君为祖师，因此铁砧被称为“太上老君的膝盖”，铁匠对之敬奉有加，不可用铁砧开玩笑，也不可以在上面随便放东西。

詹官屯铁器成品有与传统生产方式相配套的犁、耙、锄、镐、镰等农具，也有部分生活用品，如菜刀、锅铲、刨刀、剪刀等，此外还有如门环、泡钉、门插等。

牟定的铁匠分布最多的就是在牟尼村委会，这里除了詹

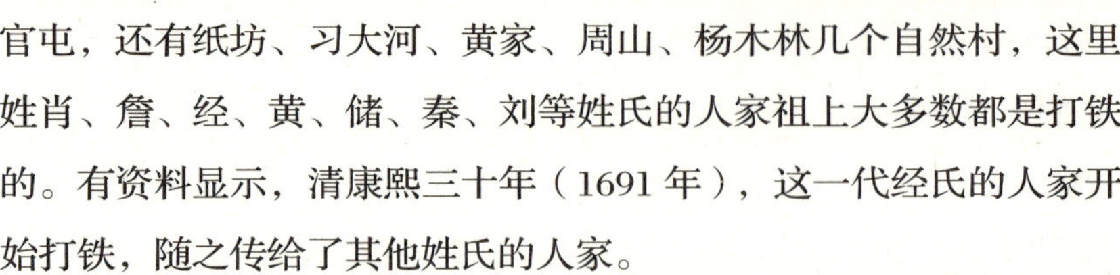

官屯，还有纸坊、习大河、黄家、周山、杨木林几个自然村，这里姓肖、詹、经、黄、储、秦、刘等姓氏的人家祖上大多数都是打铁的。有资料显示，清康熙三十年（1691 年），这一代经氏的人家开始打铁，随之传给了其他姓氏的人家。

打铁至少得两个人，那就是一个师傅一个徒弟。打铁是门技术高超的手艺，讲究技巧，一般情况下是徒弟烧火，师傅伺候铁农具，掌握火候。以前那种临时铁匠铺中，师傅都是高手，比如把一块铁放入炉中，烧得通红，师傅就用大铁钳子夹出来。小锤子一阵

詹官屯铁器成品

敲打，师傅一个眼色，心领神会的徒弟操起大铁锤，与师傅配合默契。一来一往，大锤小锤轮番起落。打一番，擦擦汗，休息一袋烟的工夫，接着再打一番。

打铁是男人的事业，这是因为，没有力气不能打铁，没有胆量不敢打铁，没有吃苦精神不愿打铁。当然世间的事情都不绝对，詹官屯就有夫妻铁匠铺，美丽女人也能抡锤打铁。好在随着科技的普及，如今用上了气锤等现代工具，一些打铁工序变得简单而省力多了。第一步是将废铁炼成生铁，用气锤打成粗坯。第二步是煅烧、造型、修剪、捶打、轧钢、沾水、打磨、回火。其中最费工夫的就是第二道程序，要经过多次“浴火重生”，才能诞生一件成品铁具。

当然，打铁要讲究火候，进火是最重要的。也就是说，冶炼钢材时什么时候烧、烧成什么程度可以打制，讲究的就是一锤下去便成了想要的样子款式。不同的钢材，采用的火候是不一样的，打不同形状的铁器，用的锤的重量和打铁的力度、角

为了讨生活，铁匠每年都得结伴走夷方

度都不一样，都是很有讲究的。

打铁首先是个纯力气活，要打好铁，自身力气要足。初学打铁者，往往忽略打铁的技巧，由于技巧掌握得不好，手上经常被砸破皮。后来时间长了，慢慢积累了经验，就基本上避免了砸伤的情况，所以两手如何协调好也有讲究。有经验的铁匠师傅说：“打铁不能死打，刚学打铁的人一锤打下去，习惯双手死握锤柄拼命打下去。这样不仅仅累人，打不了几下双手很快还会被震麻、震裂。此时除了力气和角度，巧劲同样重要。这就需要智慧，正所谓‘强攻不如巧夺’。”

在詹官屯铁匠师傅的家里还保留着浓厚的铁匠味。通常进门便是一个小院子，院子里栽着花草，院子的上面是正房，下面是铁匠作坊。这些作坊一般只有三十多平方米大小，最显眼的是对门而放的一个大气锤，给人一种强烈的力量感。旁边是打铁用的炉子和铁砧子，在砧子的旁边还有一些半成品的弯刀，有四十多把的样子，这是一个成年铁匠忙活一早上打制的产品。不远处还放着几十把成品的弯刀和砍刀，这些刀都是外地人订制的，等好了他们会派人过来拿。经常订制刀的还有孟定、耿马、大姚及昆明等地的人，他们说订制的刀子很耐用，厚实锋利。

詹官屯的老铁匠师傅们很多打了一辈子铁，技术可谓是刚中带柔、游刃有余，轻重程度也拿捏得很好。他们的手艺由上一辈传给下一辈，这样代代相传，延续不断。如今这一辈的铁匠打铁轻松多了，不用像先辈们得挑着背着打铁工具走村串户去讨生活，更不用靠走夷方来赚钱养家糊口。

先辈走夷方那些经历如今已然成了传奇。

解放前夕，为了讨生活，詹官屯及附近村子的铁匠每年都得结伴走夷方，他们挑着沉重的打铁工具去临沧保山、西双版纳及缅甸等一些地方谋生，专为当地群众打制

先辈走夷方那些经历如今已然成了传奇

生产工具和生活用具。

在那些所谓的夷方地区，地广人稀、文化技术落后、交通不方便，铁匠、铜匠、篾匠、石匠等手艺人都比较缺乏。但那些地方物产和资源都比较丰富，因此是牟定匠人们讨生活的好去处。牟定的匠人们手艺较好，人又忠厚老实，深受当地人的欢迎。说起牟定匠人，他们都是竖起大拇指，家里有需要的都会专挑牟定人干活。

说起詹官屯打铁的先辈，最传奇式的人物当数詹文灿。

1911 年出生的詹文灿，十五六岁就去了景洪、耿马、孟连、镇康等地方走夷方。经历了九死一生，也练就了一身真本事，打铁、修铁具之外还会木工、打铜、编篾器。

据说牟定的第一挺机关枪就是詹文灿带回来的，那时他在孟连一带谋生，正值中国远征军抗击日本侵略者的艰难时期。佧佤人（佤族）在滇缅公路上缴获了日军的一挺机关枪，上供给了佧佤的一个土司。但是后来枪坏了，佧佤人便拿给詹文灿修理，修理费是一千二百块大洋。

修枪这个活计的确是第一次，存在许多棘手的技术问题，但是肯于动脑动手的詹文灿硬是把这挺机关枪给修好了。谁知等了几个月，直到詹文灿准备起身还乡，也不见有人来取。詹师傅只好带着这挺机关枪返乡了，他觉得有了枪，应该能够威慑一路上的土匪，从而能平安回家。

不想到了半路的时候，一个叫王丕希的同乡把枪抢了去，还朝前跑了。于是回到县城之时，詹文灿便把王丕希告上了衙门，同行伙伴们踊跃

如今铁匠们使用的工具也先进了

为他做证。他顺利要回了这挺机关枪，不多久县府给了詹文灿 40 担谷子，把这挺机关枪收用了。

中华人民共和国成立后，技术精湛的詹文灿师傅被大弯山钢铁厂招收了去，当过钳工，做过电焊、氧焊的工作。在昆明巫家坝电器制造厂修过飞机，造过手榴弹，后来又到禄丰钢铁厂工作，考取了五级钳工。詹文灿最为令人敬佩的事情便是把一台美国人遗留在中国的坏发动机修好了，这台发动机送到那些工业稍微发达一些的大城市都修不好。这在那时工业不发达、技术欠缺的年代，的确是一件不可思议的事情。

如今的牟定铁匠生活比先辈们好得多了，他们不用在外风餐露宿，也不用走村串户地去到处走动，名声出去以后，别人都来家里订货。他们闲时倒弄倒弄，一个月的收入也还不错。多数铁

名声出去以后，别人都来家里订货

匠还种着田地，吃的可以自给自足，铁匠手艺倒成了他们的业余爱好一般。

如今铁匠们使用的工具也先进了，用电力带动的夹板锤、弹簧锤、空气锤代替人力，打铁实现鼓风机化、锻打机锤化、生产模具化，结束了几千年来手拉风箱鼓风、手抡大锤打铁的落后生产方式。

但是许多工序还是少不了人力，这或许就是铁匠们手工打铁依旧受人尊重受人欢迎的原因吧。

打铁是一门工艺，只有把炉火烧旺，用力锻打，才能造就一把利刃钢刀。打铁的过程，造就了牟定人铁的意志、铁的担当、铁的决心……

掌心里的泥巴 牟定人的生活中，无论是过去和现在都和

一个土陶器是一段温情的旧时光

陶有着密切的关系。腌咸菜、窖酒、炖汤、栽花、囤水等等都少不了陶制品，它是这块土地上生生不息的古老艺术品，也是生活必需品。

在牟定，彝家人除了喜欢土陶大碗喝酒、大块吃肉，还喜欢用粗犷的陶罐煨茶、炖汤，这些爱用陶器的生活习惯充分体现着他们豪爽的性格。

一个土陶器是一段温情的旧时光，牟定人在家里摆放上一些土陶器，腌菜缸、煨罐、酒缸、瓦壶之类，一间老屋就装满了许多温暖的记忆。

有小孩的人家，大人就用这样一些看似土土的器物熬稀饭给孩子吃。他们把已准备好的稀饭放在了火塘上，用勺子时时搅动着。过了不知多久，当一锅软糯糯的稀饭熬好的时候，大人便把饭舀到陶碗里，一勺一勺喂给小孩儿吃，屋子里立时便氤氲起家的气氛来……

在堂屋的火塘里，陶罐里冒着腾腾热气，熏黑了的墙壁映衬着火光，男人们时常拿一个煨罐煨茶喝，当浓浓的茶叶味弥

明代的牟定陶罐

心手相师，心手互动，手是一切工艺的基础

漫在屋子里时，把煨罐里的茶水倒进一个大大的陶土杯里，闭着眼睛呷一口，甚是惬意。这样的场景，早年在牟定普通人家里是再熟悉不过的。

对许多经历过国家发展历程的牟定人来说，陶器是一个物质匮乏时代留在心里的温情记忆。时至今日许多人还对陶器有浓浓的难舍之情。看惯了那些铮亮细腻的生产线出来的器皿，再来看看散发着朴素气息的土陶器，拿一只在手上，人便返璞归真。

这是一个离县城四五公里的村庄，名叫罗旗屯村。楚雄州内许多人都熟知它，因为盛产土陶制品，它被誉为“陶匠村”。

据史料记载，罗旗屯村生产缸罐的历史始于明崇祯十二年（1639 年）。一户秦姓人家从外地迁来，在罗旗屯村建房盖楼，并在此地建盖了一座龙窑专门烧制陶罐。到了清朝光绪年间，罗旗屯又有罗、吴、周三姓人家建窑制陶。四姓人家中以制陶为业一直持续至今的是秦姓人家。

老秦做缸罐，整个流程用的全是传统的全人工制作

到了民国时期，姓秦的人家有三十几户从事土陶缸罐的生产。这类土陶匠，在牟定也称缸罐匠，他们主要制作陶缸、陶碗、陶盆、陶锅等。他们的产品畅销州内外，其中数腌菜缸的需求量大，销量也是最好的。

在罗旗屯村，老秦是较为有名的陶匠师傅，他早在前几年就被认定为非物质文化遗产陶器制作传承人。老秦家里有一个家庭作坊，这个作坊有两层，下面是工作间，上面是储藏间。他如今年纪大了，家里儿女都已经成家，并且都各自有了一份固定的工作。儿子、女儿都不让他做这个了，但他闲不住的时候会一个人到作坊里捣鼓一下，玩玩而已。

老秦做缸罐，整个流程用的全是传统的全人工制作。他坐在工作间的轮车前，拿了一坨醒过的白泥砸在转盘上，用脚蹬着转盘让它运作起来。他不时蘸着水，一双手不停上下提拉着那团泥上，只是几分钟时间，这么一双粗糙的手便把一坨泥巴变成了一个凸凹均匀

拉坯在陶器制作中是最重要的一个环节

的泥罐坯子。然后他拿一根麻线往罐子底上轻轻一勒，罐子和转盘便一下子分离开来，他忙熟练地将坯子拿起来放在了平台上晾起。

拉坯在陶器制作中是最重要的一个环节，老秦娴熟地用一团团泥在转盘上任意飞旋，灵巧的双手在泥上轻轻划过，魔术般地便展现出各种造型的土陶罐，这是一个艺术创造的过程。

心手相师，心手互动，手是一切工艺的基础。陶匠师傅和泥、转轮、拉坯、塑型这一系列的动作都是娴熟有序，用料的分量、转盘旋转的速度、动作手法都是恰到好处，让人叫绝，不得不让人惊叹民间艺人这份卓绝的手艺。

时代不同了，罗旗屯陶匠们的思想也在不断变化，他们制作罐子不只做砂锅土碗、酒缸、酒碗、花瓶、香炉、烛台之类，他们还根据时代的需要不断变出花样。总体来说，罗旗屯的陶器一直以来销量最多的是腌菜缸，其次是酒缸、酒壶。别小看那些土里土俗的腌菜缸，没有它，不管有多巧的妇女也没有办法腌出好吃的腌菜。

早年，做腌菜是每一个牟定农村家庭主妇必备的一门手艺。每个冬天，家家户户都把菜园里的青菜大捆小捆收回家，就冬阳晒去水分，切成一小段一小段的，再把它放在簸箕里揉上盐巴辣子等作料。

稍微溶一下作料，接着开始最关键的一步：装腌菜缸。待缸罐子装满腌菜的时候，须用稻草塞上，最后在缸沿水槽里倒上少许凉水，放到阴凉的地方任其自然熟化，过不多久拿出来就可以食用了。那味道酸辣可口，那样的腌菜是牟定普通家庭终年必不可少的下饭菜。

老一辈的牟定人都知道，制腌菜的罐子非常讲究，一定得用罗旗屯烧制的腌菜罐子，才能腌制出色味都很好的腌菜。因

时至今日，手工陶罐依然深受欢迎

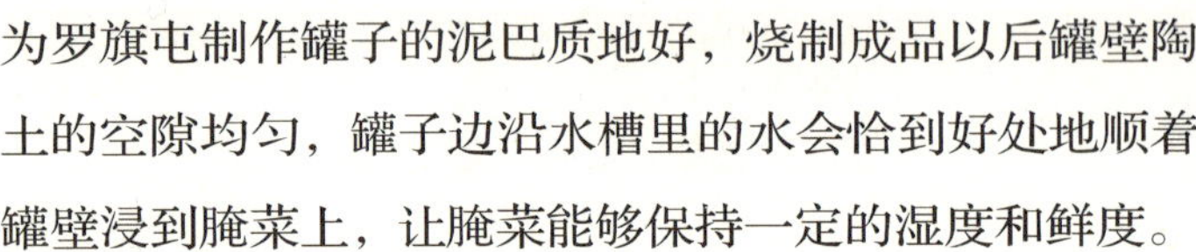

为罗旗屯制作罐子的泥巴质地好，烧制成品以后罐壁陶土的空隙均匀，罐子边沿水槽里的水会恰到好处地顺着罐壁浸到腌菜上，让腌菜能够保持一定的湿度和鲜度。

罗旗屯那些陶土酒坛子也做得很好。牟定是一个彝汉杂居的地方，彝汉文化相互融合，造就了本地人普遍的豪爽性情。县内几乎每一户人家都有窖酒的习惯，窖酒多是为热情招呼客人而备。主人家一般买本地烤酒人自酿的米酒、高粱酒、苞谷酒或荞酒，存放在几个大小不一的土陶酒坛子里。这样的窖存少则一两年、多则十几

❶腌菜的罐子非常讲究

❷土陶，积淀了一个地方的文化

年，有客人来的时候便取出来招待客人。这样的酒已经经过土陶的净化，陶坛的坯体结构比较粗糙，壁沿上有气孔，吸水率大，方便酒的老熟。

用土陶坛子贮存的酒，味道和颜色都会与众不同，这主要是因为用陶土酒坛窖酒，钙和镁的溶出量较多，钙、镁都是人体新陈代谢过程中所需要的微量元素。据研究，这些金属离子溶于酒中，对酒的老熟起着重要的作用。与此同时酒中硫化氢等杂味物质却能够有效发挥，而有益香味成分则能较好地保留。因此用陶土器皿贮存的酒，香味会随着时间的推移变得更加绵长、醇厚。

罗旗屯村有好几个烧制土陶的窑子，通常用土建成长龙形，窑子上面有顶棚防雨。这种龙窑每次开火都是村子里几家人一起装窑，中小号的土陶罐子坛子可以装进去一千多个，大号的土坛子也可以装进几百个。

这个似长龙一样蜿蜒盘旋的窑子，陶匠师傅竟然将它驾驭得很好。村里能做坛子罐子的人都能够自己掌窑子，哪家如果做够一窑子陶坯，就请几个村里的壮劳力来一起运装。一般中午装进

罗旗屯村有好几个烧制土陶的窑子

去，当晚起火，守着加一夜的火，至第二天中午闭火，第三天便可以出窑，一批坛罐就算做成了。

时至今日，手工陶罐依然深受欢迎，许多酒厂与罗旗屯村的陶匠师傅们成批订制陶罐，用陶罐装酒出售成了时尚，也算工艺与工业的完美结合。土陶罐装酒不仅味道与众不同，外包装还有种返璞归真的韵味，很受顾客欢迎。

从准备适宜的陶土，加水和陶泥后踩踏均匀，把每一块陶土用双手捏透揉透，去除泥中每一粒细小石子，哪怕是芝麻大小的都不放过。再把泥巴手工拉坯成型，晾干后放到窑子里烧制。陶罐的整个制作过程，每一道工序都需要投入大量的精力和时间，而且挖陶土、和泥、装窑烧窑、出窑等等工序都需要多人合作。烧制陶器的燃料又极为挑剔，一定要干透的松木柴才可以，在一定程度上又提高了成本。因此，村里的年轻人宁愿外出打工挣钱，也不愿意学习制陶工艺，手艺面临失传的可能，上了年纪的师傅们心里未免忧心忡忡。这也是无可奈何之事啊！

制作土陶器物的过程，是一个复杂而又考究耐心和技能的过程，它不仅是一门求生存的技术，更是一门综合艺术。

土陶，积淀了一个地方的文化，传承了一个民族的艺术。

转动双手，罗旗屯的陶匠们细数流年，泥土的香味永远不消散。一个村庄，继续把土陶的故事握在掌心，传递千年……

许多人还能够感受到陶罐在生活中的那种难舍之情

温暖流过石头　人类与石头的情感并非一朝一夕。追本溯源，人类先祖用击石取火，又用石头做成盆钵、石碗、石锄、石项链，是人类历史上最早的智慧产物。石器时代经历了近三百万年的历史，此期间人类使用打制石器和磨制石器，以石器为主要劳动工具。那些最早加工石器的人就是最早的石匠，他们对石器的加工和制作，为后面青铜器、铁器、木器的出现和发展奠定了基础。正是石器的制作和使用，为人类智慧与文明一步步走向巅峰打了最良好的基础。

自古以来，石头与牟定人关系密切，名扬四方的牟定匠人中，石匠也在内。牟定多砂石，为石刻艺术的匠人们提供了物质条件。县内石刻匠人主要集中在

蟠猫乡和安乐乡一带，如今在牟定各处都可以看到雕刻精细的石雕，它们是石头上的艺术。

牟定的石刻艺术主要体现在房屋建筑和陵墓建筑上。牟定属滇中山区小县，县内早些年未推行火葬时都流行土葬。按照

❶石头上的艺术

❷那些最早加工石器的人就是最早的石匠

当地习俗，为死去的亲人修建一座端正气派的坟墓是对亲人最好的缅怀方式。许多坟墓都是用好一点的石头垒砌起来，并在石头上刻出各种活灵活现的图案。这些在石头上雕龙刻凤的活计，都出自牟定本地巧慧的石匠妙手，他们身怀技艺，或走村串户替人打石雕刻谋生，或自立门户开石雕场子。

在牟定县城国税局门前有一对石狮子，高约 2.8 米，一雄一雌，威武雄壮。那架势颇有种威震四方、勇不可当的派头，仿佛看到能给大家带来祥瑞之气。雕琢这对石狮子的人是牟定猫街的王石匠。

说起猫街，不得不说它是一个有深厚文化底蕴的小镇。它坐落在牟定县城以东白马山下，这座佛教名山因为“白马西来，经传东寺”的传说而闻名滇中。“靠山吃山，靠水吃水”，白马山一带多红砂石，为石匠们打制墓碑、雕花柱脚石、雕刻石狮子等提供了天然的材料，也为山下一个叫小屯的村子成为“石匠村”奠定

了基础。

王石匠就是小屯村的人。他家几代人都是石匠，他的曾祖父曾经到玉溪通海河西镇去专门学习过石刻技术，在当地是大名鼎鼎的人物。曾祖父以下，王石匠的祖父、父亲也都是手艺精湛的石匠。

河西镇是玉溪的四大名镇，有“儒学名邦”之美誉。这里的工农业都比较发达，尤其是石材石雕，自古出名。可以想象王石匠的曾祖父在那样的地方拜师学艺是何等的荣幸，学来的手艺又是何等的精湛，难怪王家几代人的手艺在方圆数十里地界都是顶呱呱。其实王家不光只在牟定出名，早年王石匠的曾祖父曾在“千年盐都”黑井古镇留下了不可磨灭的“个人印章”：黑井五马桥上那些雕工精细的红砂石群雕，武家大院那些雕龙画凤的石刻艺术，飞来寺里那些活灵活现的石狮石兽。正是这些红砂石质地的石雕艺术为黑井古镇增添了许多返璞归真的时光痕迹。

王石匠的手艺就是在这样的石匠之家熏陶培养出来的。他做这个行当已经有三十六七年，如今他和妻子在猫街开了一个石雕工艺厂。

王石匠和他雇来的学徒主要是雕刻石狮子之类的工艺品，

❶牟定多砂石，为石刻艺术的匠人们提供了物质条件

❷石狮子能给大家带来祥瑞之气

人类与石头的情感并非一朝半夕

增添了许多返璞归真的时光痕迹

另外就是墓碑的刻制。他的厂里堆满了石材石料和一些成品半成品。已经加工好的一些成品上雕刻有活灵活现的花草虫鱼鸟兽，也有展翅欲飞的凤凰、栩栩如生的仙鹤、乘奔欲风的麋鹿、翘首而立的狮子，还有造型逼真的文臣武将……

曾经，小屯村委会的石雕艺人作坊多达几十家，许多人或从父辈学艺，或拜师学习，勤学苦练，只求技艺精湛，能够早一日自立门户传承技艺，养家糊口。小屯村石匠们除了刻石碑、石狮子，做石磨、石桌子、石臼、石猪槽的人也有好多家，那时候每一寸石刻都是靠着石匠们的手一锤一凿地打造出来的。随着社会经济的发展，现在石匠的工具也逐渐多了起来，空压机、切割机、火割机等代替了手工打磨和切割，提高了工作效率，节省了许多时间。

与此同时，人们的生活需求也发生了很大的改变，多元化

❶变成了一件件鲜活的艺术品

❷许多精细的雕刻是机器代替不了的

的市场改变了人们的生活，人们对石器、石刻的需求量大大减少，生意也不如从前了。好在王石匠也是一个头脑灵活的人，他通过电脑图片、视频、工艺雕刻书的一些资料来拓宽思路，除了雕刻一定量的石碑以外，他还做一些石雕家具、工艺品什么的，来适应市场的需求。

王石匠一直执着地坚持手工雕刻，他认为许多精细的雕刻是机器代替不了的，还得手工完成。撇开生意不说，他认为纯手工完成的才算艺术品。他的家里保留和珍藏了几处他祖父、父亲的石雕艺术品。他家堂屋的柱脚石上镶嵌着雕有花纹的石头，是他父亲亲手雕刻。他家厨房墙上镶嵌着一个雕花的石块，学名叫作火塘花雕，是他祖父的手艺。那是一块长条石装饰物，石块各面雕刻着花草虫鱼，真可谓精工细凿。这种石块在旧时家中是一种门庭的标志，有这样的火塘花雕的人家并不多，它在那时候是一种奢侈品。

王石匠家院子里有一台石磨，这台石磨是王石匠和父亲一起打造的。古老的磨盘契合有度，磨齿匀称细腻，如今它静静地躺在院子里，似乎在诉说着这个石刻匠之家过去的历史。

有诗曰：本是承山刚硬石，经人凿打改春秋。辛苦磨做精良面，供养偏村铁骨头。

这个石磨，在过去的许多日子里，不知磨了多少面粉，为家里人和乡邻们做了多少贡献。而能做这个石磨的人，需要的技艺更需技高一筹。

可如今世事变迁，家室小康的王石匠却有了许多忧虑。由于石刻这门技艺非常辛苦，到山上采石打石，手工打造形体之后还要精雕细琢，石匠露天作业，日晒雨淋，只需几个小时下来，已是灰尘满脸，肤糙面黑。这样一来，不单他自己家的两个女儿不愿传承这门手艺，村里的年轻人宁愿去外面打工闯世界，也不愿意做这种又脏又累的活计。

“长江后浪推前浪”，像王石匠一样敢于创新，不怕吃苦的牟定石匠总喜欢把事业做好做强。统计数据显示，目前牟定县内仍有 40 多家石雕作坊，从业的石匠近 2000 人。他们跟随时代的步伐，引进了电脑刻字等先进的雕刻技术，结合传统的手工雕刻工艺进行工作，持续生产着更多深受人们喜爱的石雕工艺品。

不会说话的石头，在牟定众多石匠师傅的掌心里，变成了一件件鲜活的艺术品，流动着似乎还有生命的温暖……

而今迈步从头越

先辈们在旧社会走夷方的过程中滚过俗世的恶与痛，也铸就了牟定匠人的光荣与辉煌……新时代里，牟定匠人精神得以凤凰涅槃、浴火重生，雄关漫道真如铁，而今迈步从头越，牟定人再出发。

大路弯弯小路弯，
郎赶骡马进夷山；
小妹听见马铃响，
手扳门枋来望郎……
问哥赶马那里去，
赶着骡马去夷方……
给我带个口水信，
叫我小郎快回还……

走夷方的马帮在历史中渐行渐远，《赶马调》的凄婉和哀怨余音似乎还在时空深处回旋。

在明清两代“大旱，民多饿死”“夏旱，东区田亩皆荒”“数月无雨，河流干涸，禾苗枯萎，虫灾蔓延”多灾多难的生存环境里，又加上官府的剥削欺压，牟定的百姓要在故乡养家糊口简直就是难上加难，唯有学一门手艺背井离乡去讨生活，历经九死一生的磨难，才能够给家里的妻儿老小赚一口热饭。就这样，牟定的许多

他们走出来的是一种生命远征的精神和价值

男人不得不背负起肩上的责任，离开新婚的妻子、年迈的父母，义无反顾走上瘴气蔓延的夷方路，去和危机重重的命运斗智斗勇。

为了生活的苟且，为了生命的延续，多少牟定男儿埋骨他乡，多少牟定女儿年轻守寡。然而历史证明，无论动机是糊口还是创富，他们走出来的是一种生命远征的精神和价值，他们在云南马帮文化的血泪史上谱写了辉煌的一笔。

的确，牟定人走夷方所需要的冒险精神不可小觑，走夷方不是历史上的灾民逃难事件，它需要集群式的创造气魄和组织智慧。在明、清、民国那种商业社会远未成熟的时期，国法不仅不完善，在许多地区还形同虚设。走夷方的人们每迈一步伐、每做一笔生意，都承担了几许风险，加上政治局势极不稳定，更增加了这种风险。有的人固然因为走夷方讨生活而兴家发财，但更多的人干了一辈子甚

给我带个口水信，叫我小郎快回还

❶敢于冒尖、勇于出头

❷一种“凤凰涅槃，浴火重生”的壮美

至儿辈子，仍然一无所有。

夷方路上，面对严峻大自然的种种考验。对要生存、要发展的牟定男儿来说，冒险并不仅仅是拿生命财产做孤注一掷，而是需要非凡的胆识、坚韧的毅力、勇敢的气魄和卓越的智慧等等一系列美德。夷方路上的牟定男儿们身上或多或少都具有这些品质。

许多人有去无回，或染疟疾，或碰瘴气，或遭匪劫，以至于在

某个漆黑的夜晚，埋骨他乡的匠人魂魄便由随马帮回来的一名报丧者拿着他的信物，打着一盏纸糊的白灯笼引回家。这个黑夜，村里便有了一老一少两个妇女的哀号声，那声音凄楚锥心令听者动容。

或许，撇开悲剧意味不提，牟定人走夷方事件本身就蕴含着置之死地而后生的生命豪气，它有一种“凤凰涅槃，浴火重生”的壮美。先辈们在走夷方的过程中经受了烈火的煎熬和痛苦的考验，不畏艰险，追求新生，义无反顾……他们用生命的美丽和终结来换取生活的幸福。

冬去春来，历经沧桑。走夷方的艰辛残酷决定了先辈们必须勇敢、勤勉、智慧。久而久之，牟定人的骨子里便渗透进了这些遗传因子。中华人民共和国成立后，面对接踵而至的政治、经济波浪，一

度曾有许多的牟定人不甘于循规蹈矩、不屑于向世俗低首，敢于冒尖、勇于出头。因此在20世纪80年代的楚雄州，牟定人便有了“小红帽”的称号。

早先这个称呼曾让牟定人无奈甚至反感。因为在中国千百年来儒家正统思想的影响下，中庸的处世态度成了一种公认的美德，而“小红帽”却隐喻着“爱出风头”“哗众取宠”等与人们传统思想相左的意思。这样，世俗的观念便让牟定人在州内外被披上了一层贬义的面纱。

然而，“千淘万漉虽辛苦，吹尽狂沙始到金”，在从过去赶着

中国左脚舞之乡、中国名腐乳之乡、云南匠人之乡——牟定

马帮舍命淘金到如今发扬“小红帽”精神追赶时代步伐的潮流中，牟定人从未停止过开拓创新的脚步。今天，开拓精神无遗是一种最好的胆略气魄。在彰显个性、崇尚文化多元化的新时代，牟定人敢为人先，勇于抓住机遇迈步从头越，在大力发展经济、推进各项社会事业发展的同时，也把具有浓重民族个性和地域特点的各类文化品类一年年发扬光大，使牟定“中国左脚舞之乡”“中国名腐乳之乡”“云南匠人之乡”的美名得以遐迩闻名。